내 몸이 춤추게 하라

내 몸이 춤추게 하라

발행일	2019년 3월 22일			
지은이	김의일			
펴낸이	손형국			
펴낸곳	(주)북랩			
편집인	선일영		편집	오경진, 최승현, 최예은, 김경무
디자인	이현수, 김민하, 한수희, 김윤주, 허지혜		제작	박기성, 황동현, 구성우, 정성배
마케팅	김회란, 박진관, 조하라			
출판등록	2004. 12. 1(제2012-000051호)			
주소	서울시 금천구 가산디지털 1로 168, 우림라이온스밸리 B동 B113, 114호			
홈페이지	www.book.co.kr			
전화번호	(02)2026-5777		팩스	(02)2026-5747

ISBN   979-11-6299-563-1 03180 (종이책)   979-11-6299-564-8 05180 (전자책)

이 도서의 국립중앙도서관 출판예정도서목록(CIP)은 서지정보유통지원시스템 홈페이지(http://seoji.nl.go.kr)와
국가자료공동목록시스템(http://www.nl.go.kr/kolisnet)에서 이용하실 수 있습니다.
(CIP제어번호: CIP2019010701)

내 몸이
춤추게 하라

김의일 지음

춤·명상으로
영혼을 치유하는 통합표현예술치료

북랩 book Lab

서문

내가 처음 춤을 접한 것은 30여 년 전으로 거슬러 올라간다. 그 당시 우연히 배우게 된 사교춤이 지금도 내가 흥을 알고 춤을 추는 계기가 되었는지 모른다. 그 후 댄스 스포츠, 라인댄스, 한국무용 등을 접하면서 춤과 비교적 가깝게 지냈던 것 같다. 그렇지만 댄스 테라피를 접한 것은 20여 년 전 전원 살림마을 수련에 들어가서였다. 그때 알게 된 것이 인연이 되어, 치유상담 대학원의 박선영 교수님으로부터 춤동작을 배울 수 있었다.

필자는 그동안 춤이 주는 즐거움, 만족감 등 긍정적인 면을 분명히 경험했다. 하지만 그때 그때 필요에 의해 춤추는 것으로 만족할 뿐 그 이상은 아니었다. 춤을 손이나 발로만 추었지 가슴으로, 아니 영혼으로 추지 못했다. 그렇게 추는 춤은 추어도 그 순간엔 기분이 좋지만, 뭔가 허전하고 가슴이 채워지지 않는 것은 어쩔 수 없었다.

　그런데 춤동작을 접하면서 내 가슴으로 춤을 만날 수 있었다. 내면의 깊숙한 마음이 춤으로 나타날 때, 그 순간 나는 없었다. 움직임만 있을 뿐이었다. 나는 그 순간 무아지경의 황홀한 최고의 절정 체험을 했다. 정말 댄스 테라피를 알면 알수록 춤이 주는 행복감과 자기만족은 지금껏 필자가 경험한 그 어느 것과도 비교할 수 없을 만큼 절대적이었다. 나는 점점 춤을 진정으로 사랑하게 되었고, 춤이 주는 매력에 흠뻑 취해 살고 있다. 매일매일 춤으로 아침을 열고, 춤으로 일기를 쓴다.

　지금의 춤은 내 사랑하는 부인만큼 소중하다. 나는 춤을 사랑한다. 이제 춤을 떠나서는 그 무엇도 존재하지 않는다. 그러다 보니 춤을 공부하면서 더 알고 싶은 욕구가 솟구쳤다. 그러던 어느 날 문득 책을 써보고 싶은 충동이 일었다. 잘 모르는 춤에 대해 쓴다고 생각하니 많이 망설여졌다. 하지만 어차피 난 생처음으로 책을 쓴다면, 춤·명상을 주제로 쓰고 싶었다. 그래도 막상 쓰려고 생각하니 엄두가 안 났다. 두렵고 걱정되는 마음에 여러 날 밤잠을 설쳤다. 그렇지만 용기를 내어 한 번 해보기로 마음을 단단히 먹으니, 내 안에서 꿈틀거리는 강한 에너지장이 나를 휘몰아쳤다. 필자는 춤·명상 책을 2019년 상반기 안에 출간할 것이라고 가족들이 모인 자리에서 공포했다. 그리고 내 보물지도에는 『내 몸이 춤추게 하라』 2019년 3월 출간' 이렇게 쓰여 있다. 참 누가 보면 어이없는 계획이라고 생각할지 모르지만, 그때 그래도 그렇게 결심한 내가 한없이 고맙고 대견하다.

참으로 힘들게 쓴 처녀작을 항상 곁에서 지켜봐주고 지지해준 사랑하는 아내 문자와 책에 들어가는 그림, 삽화, 표 등을 정성껏 도와준 예쁜 딸 경민. 늘 아빠의 하는 일을 지지해주며 성장해 가는 아들 동현에게 늘 고맙고 감사하구나. 또한 나에게 책을 쓸 수 있도록 밑거름을 준 흰바람 님, 사랑 님과, 나에게 학문의 길로 들어서게 하신 선문대학교 윤운성 교수님, 평생 학습인의 자세를 가르쳐 주신 사랑하는 스승 장길섭 아침햇살 님께 진심으로 감사드린다.

2019년 2월
신빛 김의일

차례

1

춤·명상의 개념

가. 춤·명상이란?

내안에 숨이 덩실덩실
어느 새 리듬타고 나를 휘감네.

살아있음의 안내자로
즐거이 반기며 손짓하네.

한땐 그토록 애타게 찾았었는데…
이젠 그대 영혼에 날개를 달고
자유로움으로 맘껏 뽐내게나.

아, 내 안의 신이 날 부르네
그대만의 춤을 추라고!

산빛 김의일

춤·명상은 가만히 가부좌 틀고 앉아 하는 명상이 아니다. 내 안에 꼭꼭 숨겨진 나만의 움직임을 알아차려 자동적으로 넘쳐 흘러 나오는 감정의 움직임을 따라가다 보면, 마음이 정화되고 청소되는 명상이다. 즉, "춤·명상은 심리적 억압을 해방시켜 한 과 신명을 풀고, 진정한 자기의 모습을 회복하기 위해 바람직한 수행방법이 될 수 있다(박선영·유경숙, 2010)."라고 하였다.

인위적으로 나를 틀 속에 가두어 어렵게 하는 명상이 아니 라, 그저 물 흐르듯이, 바람 불 듯이 몸의 느낌을 느끼면서 내 마음의 감정 상태를 파악하고, 몸이 요구하는 바를 그대로 나 타내면 동작이 되고, 그것이 움직임으로 나타난다. 리듬을 따 라가다 보면 어느 새 나는 나비가 되고 새가 되어 날갯짓하며 춤을 추고 있다. 나도 모르게 나만의 춤을 추는 자기를 발견한 다. 참으로 신기하다. 내 몸이 도구가 되어, 그저 몸짓이 뿜어 져 나와 춤이 된다. 이것이 바로 춤·명상의 시작이다.

즉 춤명상이란 경직되어 있는 몸과 마음에 자연스러움을 되 찾게 해주는 움직임이며, 명상 속에서 우리는 자기 안에 있는 우주 만물의 자연스러운 리듬과 동작, 호흡을 되찾게 해준다.

'명상은 사랑을 배우는 기술 중의 기술이다. 숨이 들어오고 나가는 것을 있는 그대로 지켜보면, 내 안에는 바깥보다 더 크고 놀랍고 깊은 세계가 있다. 즉 바깥세상 보는 눈만 있지 않고, 인간 내면을 볼 수 있는 눈도 있다. 많은 이들이 이 눈을 거의 사용해 본 적이 없어 거의 퇴화되고 실명되었다. 이 눈을 다시 사용하여 자기 내면 세상을 볼 수 있는 것이 명상이다(장길섭, 2008).'

명상은 감각을 통하여 바깥으로 달려가고 있는 그대의 습관을 깨뜨리기 위해서는, 즉 마음을 통제하기 위해서는, 명상이 절대적으로 필요하다. 바깥으로 치닫고 있는 마음의 습성은 명상으로 다스려질 수 있다. 명상은 요가식이 아니라, 노력이 없는 명상이어야 한다. 요가식의 명상은 그대에게 어쩌면 몸에 대한 의식을 더욱 일어나게 만들 것이다. 마음으로 하여금 자신의 근원을 관찰하게 하는 자유를 향한 명상을 말한다.

김병채는 『무엇이 깨달음인가』에서 '자유를 위해서는 아무런 시간이 들지 않는다. 이 탐구를 통해 바깥으로 향하려는 마음의 모든 경향성을 붙잡고 그냥 '나'의 근원을 관찰한다. 생각이 일어나는 곳을 관찰하며 잠자지 말고 깨어서, 노력하지 말라(김병채 역, 1998).'라고 했다.

명상은 깨어 있음이다. 있는 그대로 나를 나대로 내버려두는 것이다. 그저 호흡을 알아차리는 것뿐, 나중은 그마저도 잊어버리는 것이다. 개념화하지 않고 그냥 존재하기, 이성적 사유를 이용하여 자아와 대상들에 대한 집착을 초월할 수 있는 명상을 춤을 통해 가능할 수 있다.

또한 현대교육은 학생들의 심리적 고통에 무관심하며, 마음을 다스려 평화롭게 살아갈 수 있는 원리와 방법은 거의 교육하지 않고 있다. 학생들의 스트레스와 분노, 공격성 등이 증가하고 있으며, 학교폭력과 자살도 증가하고 있다. 최근 학교 상담을 통해 해결책을 모색하고 있는데, 상담 및 심리치료와 더불어 심리적 고통의 예방적 차원과 행복 증진, 초월적 행복을 위한 마음 다스리기 명상이 필요하다. 따라서 춤명상의 관점에서

내 몸은 소우주다. 우주를 중심으로 생각해 보면, 인간은 너무
나 미미한 존재다. 그러나 인간을 중심으로 생각해 보면, 인간
은 우주 전체와 맞먹는 귀한 존재이다. 춤명상은 우주의 존재
안에서 자신의 존재를 확인하는 우주적 관점과 인류의 탄생 역
사 속에서 자신의 뿌리를 확인하는 인간적 관점의 명상을 통
해, 자신이 어떤 존재인지를 새롭게 확인해 가는 것이다.

　이상에서 살펴보았듯이 명상은 특정 종교나 동양의 특정 지
역에 국한된 수행법이 아니다. 행복하게 살고픈 모든 현대인에
게 필요한 마음건강 필수 아미노산이다. 최근 병원을 찾는 환
자의 80~90% 정도가 스트레스에 의한 환자로 추정된다는 보
고서들을 본다. 따라서 스트레스를 잘 다루는 것이 무엇보다
중요한데, 명상은 현대인들의 절박한 요구에 대해 효과적인 대
안이 될 수 있다. 특히 춤·명상은 어떤 형식이 없다. 잘 추려는
생각이나 의도 없이 그저 내 마음을 있는 그대로 바라보면, 저
절로 움직임이 일어나고 자연스레 리듬에 맞춰 춤을 추게 된다.
춤·명상은 억지로 동작을 배울 필요가 전혀 없다. 그냥 자기 내

면을 바라보는 느낌만으로도 내 안의 잠재된 움직임이 나타나
게 되어, 독창적이고 창의적인 춤이 된다.

나. 춤·명상의 목적

들이쉬는 숨에, 나의 들숨을 바라본다.

내쉬는 숨에, 나의 날숨을 바라본다.

춤·명상의 목적은 다음과 같다.

1) 촉진자는 내담자가 움직임을 통한 감정과 느낌의 경험이 몸과 마음으로 통합할 수 있도록 도와준다. 즉, 춤으로 동작을 하면서 느끼게 되는 감정이나 감각이 어떤 잃었던 기억이나 억압된 상처와 연관되어 있는지를 이해할 수 있도록 해준다.

2) 개인의 일상적인 행동과 대인관계를 잘할 수 있도록 집단 작업에서 동작을 사용한다. 개인이 경험하거나 느끼는 감정은 주로 상대방과의 관계를 통해 일어난다. 대인관계에서 가장 어려운 것이 언어 뒤에 숨어 있는 마음이다. 이러

한 마음을 표현하고 소통하기 위한 방법으로 움직임, 즉 춤 동작을 사용하는 것이다. 왜냐하면 움직임은 언어가 전하지 못하는 깊은 마음을 아주 쉽게 나타내 주기 때문이다.

3) 개인과 집단에 존재하는 무의식적인 감정이나 정서에 접근 하기 위해 창의적인 움직임을 도입한다. 창의적인 움직임은 자기 자신의 오래된 습관이나 패턴에서 나오는 것이 아닌 새 로운 움직임 동작이다. 이러한 움직임은 이제까지 경험해 보 지 못했던 감정을 새롭게 경험하게 하는 역할을 한다.

4) 지금 여기에서 자신의 현재 자신의 모습을 받아들이고 사 랑할 수 있게 한다.

다. 춤과 치유

당신은 이미 당신이 원하는 존재이다.
지금 그 자체로 경이로움이며 기적이다.

-틱낫한-

춤은 전문가가 무대에서 추는 것만이 다가 아니다. 누구든 특별한 스킬이 없어도 춤을 출 수 있고, 그로 인해 한결 성숙된 자신을 만날 수 있다.

춤추는 법을 굳이 배울 필요는 없다. 그냥 내 감정이 가는 대로, 내 육감이 느끼는 대로 추면 된다. 처음엔 낯설고 어설프고 쑥스럽게 생각될지 모르지만, 자신만의 춤을 추게 되면 즐거움과 충만함을 느끼게 되고, 자연스레 몸이 이완된다. 춤에는 상처를 치유하고 자존감을 높이는 기능이 있어, 마음속 상처가 많이 치유된다. 춤은 인류 최초의 언어인 몸의 움직임을 통해 자신과 소통하는 가장 빠른 길이다. 춤·명상을 통해 마음속에 쌓여 있던 탁한 기운과 불안, 절망, 슬픔, 스트레스 등을 한순간에 털어낼 수 있다.

따라서 춤을 통해 사람이 정화되고 치유되는 근본 원인은 인류에게 춤이 항상 몸에 내재되어 있었기 때문이다. 특히 정신과 육체는 분리될 수 없다. 심리적인 것이 육체에 바로 영향을 미침에도 불구하고, 정신과 육체의 인위적인 분리로 인간은 스트레스 상태에 처하게 되었다. 정신과 육체를 분리하는 기독교의 이분법적 문화에 의해 혼돈스러움은 가중되었다. 그리고 현대사회는 원하는 삶을 살고 싶어 하는 생명의 욕구를 짓밟고 인간을 한낱 소모품으로 전락시켰다.

우리는 이제 몸에 대한 관점을 바꿈으로써 세상을 보는 방식을 달리하고 삶의 방식을 바꿀 수 있다. 그 매개체가 바로 몸을 재료로 하는 춤·명상이다. 필자는 춤의 기교나 기술이 뛰어나야 꼭 감동을 주고 관객을 기쁘게 하는 것은 아니라고 본다. 어떤 동작과 움직임도 춤이 되며, 앉거나 누워서도 춤이 가능하다. 우리 모두는 창조적 예술가이다. 누구나 감동적인 춤·명상을 할 수 있다. 두려움에, 부끄러움에 억압되어 있는 몸을 춤·명상으로 표현할 수 있도록 도와주는 것이 촉진자의 역할이다.

따라서 춤·명상으로 정화되고 치유되는 건강한 공동체를 만들어 가야 하는 책무가 우리 모두에게 있는 것이다.

우리나라는 식민지 시대를 거치면서 우리 춤과 감흥이 사라지고 감정과 느낌마저 빼앗긴 채 숨죽이며 살았다. 그러므로 이 힘들고 어려웠던 모습들, 그런 생각과 수치심을 털어내고, 스스로 나의 치부를 드러내 비워야 한다. 그럴수록 내면의 에너지가 더욱 힘을 발휘할 수 있기 때문이다.

또한 우리들 각자는 춤을 통해 스스로 자기 성찰을 거쳐 치유와 회복에 한 걸음 더 다가갈 수 있다. 춤에 대한 선입견이 없는 일반인들에게 춤의 이런 효과는 충격적으로 다가오는데, 이를 통해 삶의 관점과 에너지를 긍정적으로 바꿀 수 있다. 우리는 춤·명상을 통해 건강한 몸을 회복하여 자신감을 회복하고, 주인의식을 되찾고 건강한 사회로 거듭나야 한다. 그럴 때 주도적으로 삶을 창조해 갈 수 있다.

이제는 두뇌 교육을 하는 것만으로는 창조성이 발현되기 어렵다. 창조성은 쉬면서 비워 내고 회복하고 자기 자신을 발견할 때 비로소 얻어지는 것이다. 그러기 위해서는 완전한 이완이 필요하다.

춤·명상은 스포츠와는 달리 몸 안쪽 근육을 움직임으로써 완전한 이완에 도달하므로 창조성과 자연스레 만날 수 있다. 춤·명상은 동과 정 모두를 포함하지만, 이러한 것을 끄집어내는 명상이기에 획기적인 것이다.

옛 인디언들은 슬플 때 그 슬픔의 고통이 없어질 때까지 춤을 췄다고 한다. 기쁠 때 역시 춤을 춰 그 기쁨을 두 배로 누렸다. 춤·명상은 스스로 치유하는 힘이 있기 때문에 내면에 숨겨진 창조성이 자연히 발현된다. 철학자 니체도 '몸은 커다란 이성'이라고 말했듯이, 창조성에 접근하기 위해서는 단지 머리가 아닌, 몸이 바뀌고 변해야 한다.

구글이 만든 인공지능(AI) 바둑 프로그램인 알파고, 최근에는 게임 프로그램인 '알파스타'로 바둑에 이어 게임에서도 인간을 제패했다. 이는 인간의 두뇌를 통한 지성의 한계성을 보여주었다는 것을 의미한다. 하지만 인간은 이성, 인지보다는 감성, 감각에 보다 의지하여 오히려 인지적이 아닐 때, 창조성의 잠재력이 나온다. 즉흥, 우연에 창조적 에너지가 더 충만하다. 이제 우리의 신체인 몸으로 세상을 볼 수 있도록 보는 관점을 지식에서 지성으로 전환시켜, 새로운 의식의 패러다임으로 바꿔야 할 때이다. 즉 춤·명상을 통해 개인의 삶을 혁신하여 개인과 문화적 가치를 공유하고 활성화해서 공동의 이익을 창출해야 한다. 그러기 위해서는 이념, 제도, 규칙, 규범만으로는 사회 시스템을 바꾸는 것이 불가능하다. 오히려 개인의 변화를 먼저 선행시킨 이후, 사회 전반에 걸친 시스템의 변화를 자연스럽게 유도해야 한다.

"당신의 춤을 추어라."

우리는 지금까지 "어떤 춤을 춰야 할까?"에 대해 고민했다. 춤
이 가진 원래의 가치나 본질은 사람에게 너무 필요한 것이고 정
말 위대한 것이지만, 우리는 그렇게 못 하고 있다. 우리의 기억
정보는 몸에 쌓이는데, 이를 풀어 주어야 한다. 이를 풀어내려
면 몸을 움직여 표현하는 것이 제일 좋다. 그래서 춤·명상은 세
상 문제를 푸는 열쇠이다. 병들고 타락한 사회를 해결하는 것
에 춤·명상만 한 것이 없다. 춤·명상을 하다 보면 즐거움과 편안
함, 그리고 행복이라는 즉각적인 결과물이 생겨난다. 또한 우리
들의 몸속 세포 구석구석으로 자유와 행복이 퍼져 나가서, 몸
속 노폐물을 쏟아내 건강체로 만들어 줄 것이다. 춤·명상은 스
스로 면역력을 강하게 하여 진정한 몸과 ·마음이 하나가 되는
통합인으로 가는 지름길을 안내해 줄 것이다.

춤·명상으로 춤을 추면 사회를 조화롭게 만들어 아름다운 인
성의 소유자로, 타인에 대한 존중과 사려 깊은 사람으로, 배려
하고 나누는 훈훈한 인간미가 넘쳐나는 사람으로 다시 태어날
수 있다. 니체는 "난 춤출 줄 아는 신만을 사랑한다. 어린아이

처럼 춤을 추며 잘사는 것이 최고의 삶"이라고 했다. 그렇듯이
분명히 춤·명상은 이 혼돈의 시대에 밝고 건강한 문명을 선물
할 것이며, 인류를 신체적·정서적·정신적·영적으로도 건강하게
만드는 데 크게 공헌할 것이다.

라. 춤 치유의 역사

1) 춤이란?

국어사전에서는 춤을 "가락에 맞추거나 절로 흥겨워서 팔다리나 몸을 일정한 규칙에 따라 움직이는 동작"이라고 정의하고 있다. 원시사회에서는 육체의 몸놀림이 춤으로 발전했고, 몸놀림 속에 숨어 있던 감정들은 춤을 통해 주술을 가미하기도 했다.

춤은 일종의 자기를 표현하는 수단이며 생명의 욕구였다. 그러던 것이 시간이 흐를수록 형식에 매이고 사조와 기교에 갇혀, 인간 본연의 정서와 감정을 담아 내지 못하고 있다. 오늘날 현대 무용인 춤은 누군가에 의해 안무된 동작의 반복이라고 피나 바우쉬는 말하고 있다. 필자도 여기서 말하는 춤이란 본질로 돌아가 내 삶의 원형을 찾아 나를 나타내는 동작, 내 삶이 춤으로, 내 생각과 감정이 몸으로 전달되어 움직임으로 나타낼 수 있는 춤을 전하고 싶다.

2) 우리의 춤 역사

종묘제례

고대의 제천 의식에서부터 현재의 종교 의식까지 인간은 신을 위해 다양한 형태의 제의 행사를 해왔다. 신을 기리는 의미이기는 하나, 결국 제의 행위를 통해 인간은 스스로 마음의 안녕과 평안을 얻었다.

종묘제례의 일무(佾舞)는 국내 중요 무형 문화재이자 유네스코 인류 무형 문화유산인 종묘제례에서, 옛 관복을 입은 무용수들이 열을 지어 서서 품격 있는 몸놀림을 하며 춤추는 것이다. 일무는 조선 세조 때부터 국가 제사인 종묘제례에서 추었다. 요즘은 무대 위의 공연으로 8일무를 많이 추고 있다.

그 밖에 의식무로는 불교 의식 무용의 바라춤과 나비춤, 법고춤, 민속무용의 도살풀이, 궁중무용의 춘앵무가 있다.

전통 춤

살풀이춤

주로 경기도 지방에서 추는 액과 살을 푸는 민속무용의 일종
이다. 중요 무형 문화재 97호로 지정되어 있다. 예로부터 액과
살을 풀기 위해 주로 굿판에서 추어 왔으나, 현재 시연되는 살
풀이춤은 무속(巫俗)의 형식이나 동작이 크게 눈에 띄지 않는
다. 우리가 흔히 아는 살풀이춤은 무속에서 추어졌다가 기방
(妓房)으로 옮겨 가면서 보기 좋게 멋을 가미하여, 지금과 같은
공연 예술화된 살풀이춤으로 변화되었다.

춘앵무

버드나무에서 맑게 지저귀는 꾀꼬리의 모습에서 영감을 얻어
서, 조선 순조 때 아들 효명세자가 순원왕후의 탄생 40주년을
기념해 만든 창작 궁중무용이다. 춘앵무는 궁중무용 특유의
정갈한 절제미가 두드러지는 춤사위가 특징이다.

할미춤

은율 탈춤·강령 탈춤·봉산 탈춤·통영·고성오광대 등 여러 가면극에서 시연되고 있다. 할미·영감·첩과 함께 삼각 대립하며 추는 춤이다. 검은색 탈을 쓰고 저고리와 치마를 몸통이 드러나도록 입고, 엉덩이를 좌우로 흔들며 추는 춤사위다.

은율 탈춤은 팔도 유람을 떠난 영감을 찾기 위해 할미가 장단에 맞춰 등장하면서 엉덩이를 좌우로 크게 움직이는 춤사위가 특징이다. 할미·영감·뚱딴지집이 삼각관계 상황을 극적으로 시연하고 있다. 여기서 할미는 오랜만에 영감을 만난 기쁨을 민요로 표현하며 다양성을 더한다. 은율 탈춤에서는 영감을 만난 반가움을 민요를 통해 승화시키고 있다. 뚱딴지집에 의해 맞이하는 할미의 비극적 죽음은 굿이라는 도구로 새롭게 재해석하여 탄생하며, 새로운 삶의 시작으로 계속된다. 할미를 위한 굿판은 억울하게 죽은 혼령의 한을 풀어 주고 극락왕생 의식을 통해 탈판에 모인 살아가는 사람의 맺힌 한도 동시에 풀어 주는 역할을 하고 있다.

불교춤

바라춤

작법(作法)으로도 불리는 불교 의식 춤의 대표 격인 춤이다. 불가(佛家)에서 악귀를 물리치고 마음을 정화하기 위해 추는 춤으로, 고깔에 장삼을 걸치고 추는 모양새가 정갈하고 단정하다. 전국의 유명 사찰에서 펼쳐지는 불교 의식 춤은 양손에 바라를 들고 앞으로·뒤로·회전을 반복하며 춘다.

나비춤

남자 스님보다는 비구니가 추는 경우가 많다. 나비가 연상되는 의복에 고깔을 쓰고 양손에 모란꽃을 들고 추는 춤이다.

법고춤

범무(梵舞)라고도 불리는 춤으로, 절의 여러 의식을 할 때 법
고를 두드리며 추는 춤이다. 세상의 인간을 구제하기 위해 북
을 두드린다.

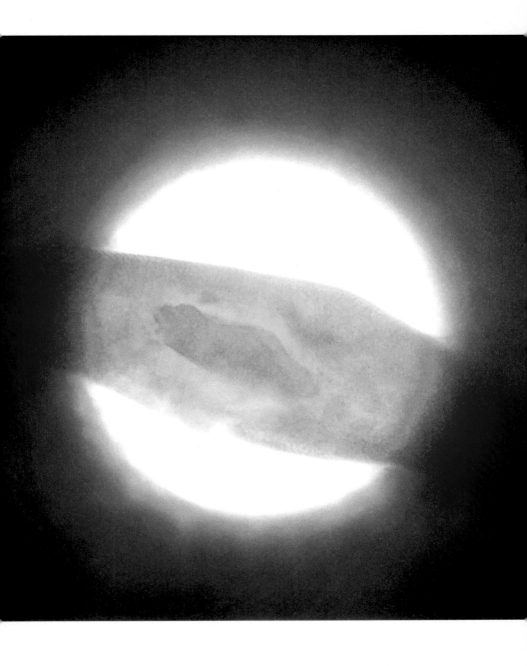

3) 세계의 전래춤

빔부자 건강 춤(Vimbuza Healing Dance)

아프리카 중서부에 위치한 말라위 북부 툼부카(Tumbuka)인
들 사이에 잘 알려진 치유의 춤이다. 치료자는 정신적 문제를
앓고 있는 여성을 치유 의식으로 치유하기 위해 무의식적인 트
랜스 상태에서 춤을 춘다. 이 춤을 통해 강력한 치유의 효험을
맛볼 수 있다고 한다.

이푸가오족의 춤

필리핀 이푸가오족의 전통 춤인 타요 춤(일명 독수리 춤)을 말
한다. 하늘의 신 푸니잔 등에게 바치는 전통 춤이다. 이푸가오족
의 치유 의식은 전통 가옥에서 행해지는데, 뭄바키라는 마을의
제사장이 리뚜알이라는 제의를 통해 의식을 진행한다고 한다.

러시아의 칼린카

　추운 겨울을 이겨 내고 열매 맺은 백당나무의 산딸기 열매를 표현한 춤이다. 토끼처럼 깡충거리며 뛰거나 발을 빠르게 바꾸는 동작을 많이 표현하고, 남녀가 함께 원으로 대형을 만들면서 춘다.

인도의 카타칼리

인도 케랄라 주의 전통무용으로, 소년들로만 구성된 무용극
이다. 남성과 소년들이 힌두교에 나오는 신화를 다양한 표정과
몸짓으로 표현한다고 한다.

스페인의 플라멩코

플라멩코(Flamenco)는 오랫동안 이곳저곳을 떠돌아다니던 집
시들이 스페인의 안달루시아 지방에 모여 살면서, 자신들의 슬
픈 처지를 표현한 춤이다. 정열적이고 화려한 동작이 많은, 박
수와 추임새를 넣으면서 추는 공연예술이다.

2

춤·명상의 이론

가. 춤·명상의 기본원리

춤·명상은 정서에 의해 동기화되고 표현된다. 정서는 우리로 하여금 춤·명상을 하도록 하는 원천이다. 즉, 정서는 우리에게 에너지를 준다. 하지만 춤·명상 역시 정서에 영향을 미친다. 또 어떤 경우에 춤·명상은 우리의 정서 상태를 발달시키거나 정교하게 만들고, 완전히 변형시킨다. 춤·명상 치료사는 정서의 표현, 소통, 변형을 위하여 춤·명상을 통한 움직이는 동작을 경험하도록 한다.

인간의 몸과 마음은 '달걀이 먼저일까, 닭이 먼저일까'를 논하듯, 둘 중 어떤 것이 먼저인가를 따질 만한 갑론을박할 문제가 아니다. 그냥 인간 존재의 근원처럼 있음 자체로 인정하는 지혜가 필요하다고 본다. 마음은 신이 주신 선물인 감정을 사용하면서 우리의 정서를 끊임없이 자극하고 반영한다. 즉 몸과 마음, 그 마음을 어떤 면에서는 지배하고 조정하는 감정 사이에 상호 보완적 관계를 가지며 서로 견제와 균형을 이루면서 전체적인 조화를 이루어 간다. 그러므로 인간 행동에 영향을 미치는 동작은 마음의 바다에서 일어나는 감정의 파도 속에서 생각과 느낌에 영향을 주어 변하게 된다. 기분이 울적할 때 산책, 운동, 가벼운 스트레칭만으로도 기분이 바뀌고 감정이 편안해짐을 우리는 경험해 보았다. 그런 것처럼 춤·명상 동작의 원리는 내담자들이 하는 춤·명상 동작과 움직임을 보고 연상되는 것을 언어로 내면의 깊은 곳까지 공감할 수 있는 것이다.

춤·명상 동작은 그 자체가 이미 즉흥적이며 창의적인 움직임 동작을 만들어 내는 예술 행위이다. 이는 마음속 내면의 감정을 정서로 변환시켜 움직임에 대한 새로운 경험을 하게 해주기 때문에 본질적으로 치료로서 기능한다는 원리이다.

나. 춤·명상과 라반의 움직임 분석

루돌프 폰 라반(Rudolf von Laban : 1879~1958)은 독일 모던 댄스의 선구자이며 무용 이론가로서 세계 무용계에 큰 영향을 미쳤다. 뮌헨과 파리에서 활동한 그는 1911년 뮌헨에 무용학교를 개설하고, 1929년 라반 안무연구소를 이끌었다. 1930년엔 베를린 국립극장 감독으로 임명되어, 독일 각지에서 새로운 형태의 군무(群舞)를 안무하기도 했다.

라반은 신체의 움직임을 복잡하고 다양한 사고, 감정, 의식, 무의식적 표현을 할 수 있는 수단이며 생존의 활동으로 보았다. 그는 "인간은 욕구를 충족시키고 스스로에게 가치 있는 무언가를 위해 움직인다. 그 움직임이 실제적인 대상을 향하면 그 목표를 달성하기 쉽다. 그렇지 않을지라도 움직임은 무언의 영향을 끼친다."라고 했다. 라반은 움직임을 분석하고 기록하는 방법을 연구하여 춤 동작 치료사들에게 많은 공헌을 했다.

라반(Rudolf von Laban)의 업적

그의 대표적인 업적은 다음과 같다.

첫째, 공간 표현기법을 독특하게 사용했다.

둘째, 군무(群舞), 즉 집단 움직임을 강조하여 표현의 영역을
확장했다.

셋째, 공간을 분석, 연구하여 독자적인 기호에 의한 동작 기
보법(記譜法)을 창안했다.

넷째, 신체를 마음, 신경, 근육이 상호 작용하는 관계로 보고,
영국에서 공장 노동자들을 대상으로 움직임을 연구했
다. 이를 바탕으로 신체의 어떤 부분이 어디로 어떻게
움직이는지를 기술하는 '라바노테이션(Labanotation)'이
라 불리는 신체표현 기록의 법칙을 체계적으로 완성했
다. 라반은 인간의 신체 구조상 우주의 모습인 원을 중

심으로 3차원인 구(球)라는 공간에 세 지점을 세웠다. 이를 바탕으로 구를 중심으로 인간의 움직임과 삶에 대한 원리를 제시했다. 라반은 공간을 상하, 전후, 두 측면으로 분할하여, 각 방향이 주는 느낌과 표현이 다름을 알아냈다. 즉 공간과 육체는 밀접한 관련이 있으며, 움직임은 신체 부위, 방향, 속도에 따라 전혀 다른 느낌을 제공한다. 예를 들어 공간에서 상(上)은 가벼우나 하(下)는 강하다. 좌(左)는 직접적이고 우(右)는 간접적이다. 좌사선 방향은 날카롭고, 우사선 방향은 부드럽다. 상하, 좌우, 앞뒤, 양옆의 공간과 인체가 움직임에 미치는 영향이 다르다는 것이다. 상하의 속성은 Fire Factor(불의 요소)와 Water Factor(물의 요소)로, 불은 가벼운 대신, 물은 무겁고 강하다. 앞뒤는 Earth Factor(흙-지속)와 Air Factor(기체-순간)로 구별할 수 있다.

라반의 움직임 분석(Laban Movement Analysis)

라반은 움직임 분석을 몸(Body), 형태(Shape), 공간(Space), 에포트(Effort)로 나눠 분석했다. 이를 구체적으로 기술하면 다음과 같다.

"움직임이 삶이요.

삶은 꿈틀거림. 꿈틀거릴때 춤을 춰라!"

1) 몸(Body)

우리 몸은 어떻게 신체 조직이 구성되어 있고, 그것들은 어떻게 연결되어 움직임이 나오고 동작이 표현되는지를 이해해야 한다.

2) 형태(Shape)

워렌 램(Warren Lamb, 1965)의 형태 개념은 에포트(Effort)와 관련되어 움직임 개념을 사용하고 있다. 형태는 '어디로'라는 움직임을 설명하면서, 공간에서 신체 형태 자체가 어디에 있는가 하는 것을 동시에 나타낸다. 세 가지 형태 변화 요소들은 다음과 같다.

- 형태의 흐름(Shape Flow) : 움직임이 될 때 신체가 함께 움직이는지, 서로 분리되어 움직이는지를 알아차린다.
- 방향적 움직임(Directional Movement) : 움직임 방향이 원형적인가, 아니면 직선적인가를 관찰한다.
- 형태적 움직임(Shaping movement) : 2차원 혹은 3차원의 복합적인 움직임 형태가 나타난다.

3) 공간(Space)

움직임이 공간에서 어디로 움직여 가고, 공간에서 얼마나 많은 당김이 활성화되는가는 공간에서 내 몸과 움직임의 위치가 얼마나 분명해지는가에 달려 있다. 그것이 분명해지면, 우리 몸이 쉽게 움직임을 할 수 있게 된다. 어디로 움직이느냐는 순수한 자기 마음이다. 본인이 마음 움직이는 대로 내 몸을 내 마음에 맡겨 내버려둔다. 공간 이동은 먼저 몸에서 가까운 곳, 중간, 먼 곳까지 이동함으로써 자기 안에 머물던 곳에서부터 나를 점점 확장해 가는 수단이 될 수 있다. 따라서 움직이는 공간이 좁으면 좁은 만큼 넓게 사용하다가 좁게도 사용할 수 있다. 또한 자유자재로 움직임을 통해 자연스럽게 자기의 외연을 넓혀 나가는 것이 바로 공간을 제대로 활용하는 것이다.

4) 에포트(Effort)

라반은 '에포트(Effort)'라는 개념을 통해서 인간이 움직이는 것을 기록화하고, 움직임 서술에 대한 체계적인 방법을 연구했다. 에포트는 네 가지 하위 움직임 요소인 공간, 시간, 무게, 흐름과 관련하여 움직임이 주는 느낌과 감각을 관찰하고, 내적인 태도를 표현하는 방식이다. 이는 동작의 역동성을 가장 잘 나타내 주는 도구이다.

① 공간(Space): **직접↔간접, 직선↔곡선**

공간에서 직선은 집중, 몰입, 정확하고 딱딱한 느낌을 주는 반면, 곡선은 간접적인 요소로서 심리적으로 안절부절, 어지러움, 산만, 흔들림 등을 의미한다. 공간은 직접적이거나 간접적인 공간에 기초하여 사고와 관련된다. 예를 들어, 시력이 안 좋아 돋보기안경을 쓰는 사람이 안경 없이 바닥에 떨어진 동전을 찾는 양상이다. 제한된 권역에서 직접적인 공간적 에포트를 이용하면서 공간에 접근한다. 반면에 아이를 잃어버린 엄마는 아이를 찾기 위하여 혼잡한 시장을 헤쳐 나가며, 넓은 반경이나 간접적인 공간적 에포트를 이용하면서 공간에 접근한다. 여기서 공간은 공간에서 신체가 움직이는 시공간적 특성을 의미한다.

② 시간(Time): 느린↔빠른

느린 동작은 여유만만, 부드러움, 섬세한 느낌을 주며, 기지개 켜기, 어깨 들썩거리기, 승무의 춤동작 등에서 나타난다. 반면 빠른 동작은 날쌤, 날렵함, 짧음, 날카로움, 직선, 조급함, 뛰기, 놀람의 느낌을 주며, 열렬하게 박수 치는 동작 등을 의미한다. 시간적 에포트는 바람에 모자가 날아갈 때 잡으려는 것처럼 빠르고 결정적인 행위, 또는 어린 아기가 가게에서 물건을 고를 때와 같이 어떤 문제에 대해 느리고 여유 있는 생각을 하는 것이다.

③ 무게(Weiget): 가볍다↔무겁다

'가볍다'는 말 그대로 아지랑이의 움직임처럼 나풀나풀, 아지랑이, 긴 털, 편안함, 요정과 같이 떠 있는 듯 가볍고 편안한 느낌, 곡선 같은 움직임을 말한다. 반면 '무겁다'는 무거움, 견고하고 딱딱함, 직선, 강함, 힘, 절도 같은 느낌을 주며, 바벨 들기, 운동 경기 같은 행동에서 나타난다.

무게는 나의 무게와 나 자신에 대해 느끼고, 강하거나 약한 충격을 만들며, 의도적이거나 확신적인 특성과 관련된다. 예를 들면, 마루에 자신의 발을 쿵쾅거리는 행동은 강한 에포트를 사용하는 것이다. 또한 가벼운 에포트를 사용하는 것은 잠자는 아이를 깨우지 않기 위해 조심스럽게 발뒤꿈치를 들고 다닐 때와 같은 감각을 표시한다.

④ 흐름(Flow): 자유분방한↔절제된, 편안한↔통제된

흐름(flow)은 자유로움과 절제로 이루어진 몸 전체의 동작을 의미한다. 흐름 요인은 자유분방처럼 기쁨, 희망, 아름다움, 즐거움을 표현하는 움직임으로 나타난다. 자유로움은 즐거움이나 비틀거리는 느낌을 주며, 나비의 날갯짓, 천진난만한 어린아이의 몸짓, 바람의 움직임 등 표현예술가의 동작에서 나타난다. 반면 절제된 움직임은 딱딱하고 어색하고 통제되고 정형화된 느낌을 준다. 절제됨은 고정된, 조심스럽고, 딱딱한, 날카롭고 규칙적인 느낌을 준다. 또한 자유로운 흐름은 쉽고 지속적이며, 잠시 멈추었다가 다시 계속할 준비를 한다. 이와 달리 통제된 흐름은 흐름을 구속하고, 내부에서 지속되며, 뒤로 움츠러들었다가 억제된다.

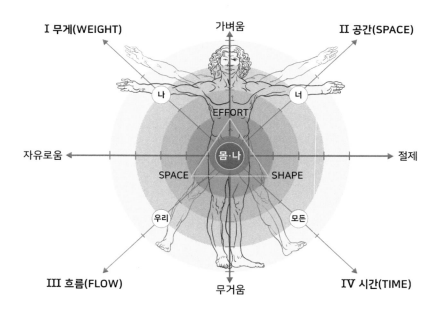

그림1 4차원 의식과 에포트

이상에서 살펴본 것처럼 에포트는 인간의 움직임 동작이 심리 상태의 변화와 관련되어 표현되고 나타나는 심리적 반영이라고 할 수 있다. 즉 에포트는 내적 충동과 욕구의 에너지를 동작으로 표현하는 방법을 말한다. 따라서 동작은 내면의 표현이며, 정서나 감정과 연결되어 나타난다. 에포트 각각의 요소들을 가미한 동작은 다양하게 표현되기에, 동작자의 동작과 움직임 관찰은 동작자를 이해하고 알아 가는 데 좋은 나침반 구실을 한다고 볼 수 있다. 따라서 춤·명상을 통한 동작은 무의식적인 감정에 접근하기 위한 수단으로 몸을 사용하기 때문에, 언어 치료에 방어적이고 수동적인 내담자들에게 매우 효과적인 수단이다.

라반의 동작 분석에서는 에포트가 네 가지 요소를 가지고 있다고 설명하고 있다. 즉 직접적인 공간과 간접적인 공간, 무거움과 가벼움, 빠름과 느림의 시간, 절제된 흐름과 자유로운 흐름이다. 에포트는 이 네 가지 요소가 항상 조화를 이루며 연속적으로 발생한다. 예를 들어, 직접적인 공간과 무거움, 간접적인 공간과 가벼움, 시간의 흐름과 지속성은 흐름의 결합을 의미한다.

[그림1]은 4차원의 복합적인 의식의 흐름을 나타낸다. 4분면은 나, 너, 우리, 모든 것을 포함한다. 이는 몸인 나를 중심으로 나, 너, 우리, 모두로 나뉘지만, 그것은 종국에는 나로 귀결된다. 우리 몸은 공간과 형태를 밑바탕으로 지지하면서 한없는 형태를 만들어 가며 공간으로 뻗어 나간다. 때론 무게감 있게 시간의 흐름 속에서, 빠르고 느리게 반응하면서 자유롭고 적절히 절제해 가며 나를 만들어 간다. 몸은 이제 내 몸이 아니다. 온 우주를 품을 수도 있고, 나 아닌 내가 되어 진정한 나의 발견을 만들고 창조해 가며, 전혀 나 같지 않은 몸짓으로 나를 표현한다. 나·몸의 의식은 끝없는 우주적 팽창 속에 일정한 단계와 레벨로 업그레이드되며 통합적으로 성장해 간다. 모든 분면은 어느 방향으로든 성장과 변화를 지속함을 의미한다. 그것이 나로 시작하든 너로 시작하든 우리로 가든, 그것은 그리 중요치 않다. 서로가 유기적 관계 속에서 서로를 끌어당긴다. 우리 몸의 움직임은 에포트의 4요소를 매개로 변화와 역동을 경험시킨다.

다. 창의적 무용과 춤·명상

창의적 무용은 참가자의 건강 상태와 체력에 따라 다양한 수준의 운동량을 제공하면서, 정서적인 행복감을 선물한다. 또한 창의성, 자발성, 신체인식, 자신감 향상, 그리고 사회적으로 기능하면서 관계하기와 상호 작용을 촉진시킨다.

반면 춤·명상 동작치료는 창의적 무용이 주는 선물 이외에 말로 할 수 없는 감정적 반응을 춤으로 표현하며, 내면의 긍정적·부정적인 반응을 처리해 나가는 과정을 통해서 움직임에 의미를 부여한다. 그리고 춤·명상의 동작을 통해 상호 활동을 촉진하며, 치료적 환경을 제공하는 집단 역동성을 선물하기도 한다.

실제로 여러 신화들을 보면, 춤의 신과 치료(healing)의 신이 같은 경우가 굉장히 많다고 한다. 태양의 신 아폴로도 춤의 신, 치유의 신을 겸했다. 그가 자리를 비울 때면 디오니소스가 그 역할을 했다고 한다. 왜 옛날 사람들은 춤과 치료를 그렇게 연결시켰을까? 어쩌면 춤에 깃든 치유의 능력을 선조들은 알고 있었던 게 아닐까?

먼저 우리 삶에 '리듬'이 얼마나 중요한지 짚고 가보자. 우리 모두는 리듬 속에 둘러싸여 있다고 해도 과언이 아니다. 발걸음 하나하나, 숨을 들이쉬고 내쉬는 것 모두 '리듬'이다. 몸 안의 신경세포들이 리듬에 맞춰 일하고 있는 것이다. 심지어 우리의 뇌도 세상을 이해하기 위해 시각, 청각, 촉각 등 감각기관에서 뇌로 전달되는 정보들을 하나의 리듬으로 파악한다고 한다.

신기한 것은 누군가의 말을 듣고 이해하고, 재미있다고 느끼고 공감할 때 두 사람의 뇌파, 즉 뇌의 리듬이 싱크가 된다는 점이다. 초등학교 4학년 과학 교과에 나오는 소리굽쇠의 공명 현상이나 우리 뇌 속의 뇌파는 같은 장소에서 같은 일을 하는 사람들이 거의 같은 뇌파가 나온다는 것이다.

이러한 현상은 악기에서도 볼 수 있다. 한쪽에서 악기의 한 음을 누르면 근처에 있는 다른 악기도 같은 음에서 떨림 현상이 나타난다. 인간의 경우, 이러한 싱크 현상이 친한 사이일수록 더욱 강해진다고 한다. 늘 밥을 함께 먹거나 자주 만나서 수다 떠는 사이일수록 비슷한 뇌의 리듬을 갖게 된다는 것이다.

사실 이렇게 뇌가 서로 연결되고 리듬이 비슷해지는 것 자체로도 강력한 치료 효과를 낼 수 있다. 실제로 누군가가 내 얘기를 진지하게 들어 주고, 이해해 주고, 공감해 주는 것 자체로 치유되고 문제가 해결되는 것처럼 말이다. 필자도 오래전 암으로 투병하면서 어렵고 힘든 시절이 있었다. 그때 심한 우울증에도 빠졌고 자살을 시도한 적도 있었다. 하지만 그럴 때마다 나 자신을 다시 살게 한 힘은, 나를 지지해 주고 이해해 준 고마운 분들과 운동하면서 그저 바람 소리, 새 소리, 나뭇잎 흔들리는 소리에 장단을 맞춰 가며 리듬 따라 춤추는 습관이었다. 그것이 나를 지하 감옥소로부터 탈출하게 만든 원동력이 되었다고 생각한다.

뇌 과학자 장동선은 오랫동안 건강을 유지하기 위해선 다음
세 가지가 필요하다고 역설한다.

첫째, 다양한 사람들을 만나 서로 교류한다.
둘째, 자신의 감정을 억누르지 말고 장소가 어디든 불문하고
　　　표현해 본다.
셋째, 몸을 많이 움직인다.

재미있는 것은, 춤·명상 동작을 하면 이 세 가지가 모두 일어
난다는 것이다. 더군다나 다른 운동들과 비교할 때 춤·명상이
정신과 질환, 우울증, 치매, 파킨슨병 등에 가장 효과적이라는
연구 결과도 많이 나와 있다.

3

춤·명상 치유 과정

가. 긴장과 이완

우리 몸은 긴장하면 눈이 피로하고, 목이 뻐근하며, 몸이 굳고, 말을 더듬는다. 그런가 하면 말이 떨리고, 식은땀이 나며, 심하면 경직되어 신체 일부분, 온몸에 마비까지 불러온다. 그래서 그 긴장을 오래 지속하면 면역력이 저하되고 여러 질병의 원인이 되기도 한다. 따라서 긴장은 스트레스를 줘 우리 몸을 망가뜨리는 주범이 되므로, 하루 빨리 긴장을 해소하고 몸을 편안하게 이완시켜야 한다. 그래서 요즘엔 여러 이완 요법이 있다. 그 중에도 많이 하는 것이 요가와 명상이고, 춤·명상 치료다.

우리 몸은 긴장하면 근육이 수축한다. 수축하면 몸에 힘이 들어가고, 눈동자는 똘똘하게 생기가 있다. 하지만 이를 과도하게 지속하면 힘이 들고 몸이 피로함을 느낀다. 이럴 땐 적절히 몸을 이완시켜야 한다. 이완은 그 어떤 것보다 비할 수 없는 행복을 준다. 몸이 나른해지면서 졸음이 쏟아지고, 한편으로는 조용히 생각을 가다듬는 동안, 새로운 생각과 해결책이 떠오르기도 한다. 이 두 상태를 적절히 배분할 때 균형 잡힌 삶을 살 수 있다.

나. 기본적인 방어 기제

자아방어 기제는 개인이 불안을 극복하고, 자아가 불안에 압
도되지 않도록 돕는다. 이는 자아가 자기 평화를 지키는 과정
이다. 프로이드(Fred) 이론가들은 정신 역동의 핵심으로 보기도
한다. 자아방어 기제는 병적인 것이 아니라 정상적인 행동이다.
방어 기제가 현실 직면을 피하려는 삶의 양식이 되지 않으면
적응적 가치가 있을 수 있다. 개인이 사용하는 방어 기제는 개
인의 발달 수준과 불안의 정도에 따라 다르다. 방어 기제는 두
가지 공통점이 있다. 그것들은 현실을 부정하거나 왜곡시키며,
무의식 수준에서 일어난다. 다음은 기본적인 자아방어 기제에
대한 서술이다.

억압

정신역동에서 억압(repression)은 가장 중요한 프로이드 식 방법 중의 하나이다. 부인의 특수한 형태로서 많은 다른 자아방어 기제나 신경증적 장애의 기초가 된다. 억압은 위협적이거나 고통스러운 생각, 감정들을 의식하지 못하도록 의식으로부터 밀어내는 방어 수단이다. 예를 들면, 죄의식을 일으키는 성적 욕구를 억압하고 망각시키는 것이다.

거부

거부는 억압과 유사한 방어적 역할을 하지만, 일반적으로 전의식이나 의식 수준에서 작동한다. 현실 거부는 자아방어 기제 중 가장 단순하다. 충격적인 상황에서 개인이 생각하고 느끼고 지각하는 것을 왜곡한다. 거부는 마치 위협적인 현실에 눈을 감음으로써 불안을 방어하는 것과 같다. 전쟁이나 여타의 재난과 같은 비극적 상황에서 사람들은 때로 받아들이기에 너무 고통스러운 현실에 대해 스스로 눈을 감아 버린다.

투사

개인 자신의 수용할 수 없는 충동은 억제하고, 받아들일 수
없는 자신의 욕망이나 충동들을 다른 사람들에게 전가시키는
것이다. 음탕하거나 공격적인 충동들을 '내가 아닌 다른 사람'
이 가지고 있는 것으로 본다. 예컨대 형수에게 성적 매력을 느
끼는 시동생이 형수가 자신을 유혹한다고 주장할 수도 있다.
그렇게 함으로써 시동생은 자신의 욕망을 인식하거나 다룰 필
요가 없게 된다. 즉 투사는 불안을 감소시켜 주기 때문에 개인
에게 안도감을 준다.

반동 형성

불안함을 오히려 반대되는 행동이나 태도로, 즉 강함 등으로
대치하는 방어 기제이다. 위협적 충격에 대한 또 다른 방어는
상반되는 충격을 적극 표현하는 것이다. 불안을 야기하는 욕망
에 정반대되는 의식적 태도나 행동을 취해서, 자신이 이 욕망
을 인식할 때 야기될 불안에 직면할 필요를 없앤다. 수용할 수
없는 증오의 감정을 사랑으로 포장할 수 있으며, 자신의 부정적
반응을 숨기고 지나치게 잘해 줄 수도 있고, 지나치게 친절하게
행동하여 잔혹함을 숨길 수도 있다.

합리화

자기기만을 하는 것에 대해 변명하며, 어떤 사람들은 상처 입은 자아를 설명하기 위해 '타당한' 이유들을 조작한다. 합리화는 행동을 정당화하고, 실망과 관련된 충격을 경감시키는 데 도움을 준다. 자신이 대학 입시에 떨어지면 왜 실패했는지에 대한 논리적 이유를 생각해 낸다. 그리고 때로는 어떻게 되었든 실제로 자신이 그 대학을 원하지 않았다고 자신의 변명을 정당화하려 한다.

치환

불안에 대처하는 또 다른 방법은, 위협적 대상에서 '보다 안전한 상대'에게로 이동시켜서 충동을 해소하는 것이다. 치환은 충동이나 욕구를 불러일으킨 원래의 대상이나 사람에게서 해소할 수 없을 때, 다른 대상이나 사람에게로 에너지를 향하게 하는 것이다. 예를 들어, 직장 상사에게서 불안과 위협을 느낀 착한 가장은 집에 와서 가족들에게 부적절한 적대감을 드러낸다.

승화

승화(sublimation)는 사회적으로 수용할 수 없는 충동을 사회적으로 수용할 수 있는 방식으로 표현한다. 성적 혹은 공격적 에너지를 다른 경로, 즉 사회적으로 허용되고 때로는 칭찬받기까지 하는 경로로 전환하는 것이다. 예를 들어, 공격적 충동을 체육 활동 등으로 전환할 수 있고, 다른 사람들을 해치기보다는 군인이 되는 것으로 승화할 수도 있다.

동일시

동일시는 아동들이 성 역할 행동을 학습하는 발달 과정의 한 부분이기도 하지만, 방어적 반응일 수도 있다. 이것은 자기 가치감을 고양시키고, 자기 열등감이나 실패로부터 자신을 보호하기도 한다. 그래서 기본적으로 열등하다고 느끼는 사람들은 자신을 가치 있는 사람으로 생각할 수 있기 위해서 성공적인 원인, 조직, 사람들과 동일시하려고 한다.

이상에서 살펴보았듯이, 인간은 누구나 힘들고 불편한 상황이나 억압되고 불안한 상태에 처하면, 자기 나름대로의 방어기제를 무의식적으로 작동하여, 그 상황을 모면하거나 피해 가려는 속성을 가지고 있다. 다만 스스로 자신이 즐겨 사용하는 방어 기제의 속성을 알아차리고, 그 상황을 직면하여 자신의 방어하는 모습을 있는 그대로 볼 수 있는 여유로움과 그것을 춤으로, 움직임으로 표현하는 지혜가 필요하다고 하겠다.

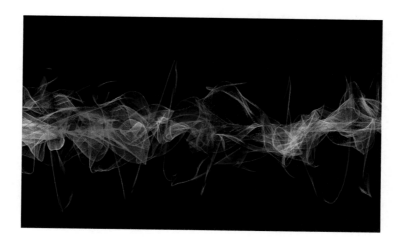

다. 나를 찾아가기
몸 깨어나기, 몸 알아차리기

나를 찾아가기란 참 어려운 난제일 수 있다. 왜냐면 나에 대한 문제인식을 갖지 않은 사람들에게는 설명하기가 대단히 쉽지 않기 때문이다. 내가 누구인지를 알고 싶은 욕구를 가진 사람들에게는 다가가기 쉽지만, 그렇지 않은 사람들에게는 말과 글로 설명한다는 게 어불성설이다. 그렇지만 우리는 우리의 존재에 대한 물음을 물을 때 나로 살아갈 수 있다. 우리의 모든 병들은 나를 잃었기 때문에 생기는 병이다. 나를 찾으면 병은 해결된다. 나의 본성을 찾는 여행은 나를 새롭게 태어나게 한다.

춤·명상에서 '몸 깨어나기'는 우리의 몸을 깨워 잠자고 있던 세포 하나하나 감각이 다시 살아나게 하여, 몸을 살리는 과정의 첫 관문이다. 나를 찾아가는 길에 있는 '몸 깨어나기'는 우리 몸 구석구석을 보듬고 깨워 몸이 원하는 바를 알아차리는 과정으로 가는 필수 코스다.

사람들은 누구나 자기를 찾고 싶어 한다. 그렇지만 찾았던 사람도 조금만 인식하지 못하면 금방 잊고 길을 헤매는 경우를 종종 본다. 그래서 캔윌버는 "의식의 상태state는 일시적이지만 의식의 단계stage는 영속적이다."라고 말했다. 그렇듯이 내가 잠깐 어떤 몰입이나 깨달음의 순간을 일시적으로 만날 수 있지만, 그것을 그 단계에 도달하여 올려놓기는 쉬운 일이 아니다. 그래서 나를 찾았다고 자만해서도 안 되고, 나를 발견했다고 해서 영원히 발견한 것도 아니다. 찾았다는 것은 순간이다. 그 순간 그때 나를 찾고, 잠시 내가 깸 상태를 경험했을 뿐이다. 그것이 오래도록 간직하는 지식처럼 머리에 저장해서 가지고 있다고 되는 것이 아니다. 이것은 순간이고 찰나다. 지금 이 순간 발견하고 찾았다는 의미이다. 그래서 순간순간 깨어 있어야 한다는 말이다. 내가 깨달아서 나를 발견했다는 것은 내가 누구인지, 내 몸이 뭘 원하는지를 지금 현재 알아차렸다는 것이다. 그래서 내 몸을 알아차리는 단계에 진입하면, 내 몸 진단서를 병원에서 받은 것이다. 진단서만 받으면 소용없다. 행동만이 나를 동굴에서 나오게 한다. 그래서 자연스럽게 나를 나타내는 움직임이 동작으로 표현되어야 한다.

라. 나를 표현하기
몸 표현하기 – 몸 나누기

나는 지구상에 표현하러 왔다. 나를 표현하는 것은 말, 글, 그림, 몸짓, 발짓, 손짓, 맘짓, 움직임, 눈 깜박임, 표정 등 머리에서 발끝까지 있다. 이 모두가 나를 표현하는 도구이다. 자유자재로 어느 것을 선택하든 그것들을 이용하여 나를 표현한다면, 다양하면서도 무궁무진하게 나를 표현해 낼 수 있을 것이다. 그래서 움직임은 바로 나의 몸짓이 되고, 춤으로 표현되고, 명상으로 확장된다.

우리는 이 땅에 춤추러 태어났다. 그러니 주저할 이유가 없다. 그저 내 맘 가는 곳으로 나를 안내하라. 그러면 저절로 내 춤이 뿜어져 나와 하나 된 몸짓으로 나를 반긴다.

춤·명상은 그냥 있음 그 자체가 이미 춤이며, 앉고 서고부터 춤의 시작이다. 눕고 엎드리며, 호흡은 놓치지 않은 상태로 팔을 뻗고 오므리며, 다리는 왼발 오른발 한 발씩 떼어 놓으면 춤이다. 춤이 뭐 별것인가 그렇게 움직이다 보면, 나도 모르는 사이 나만의 리듬이 절로 나오고 리듬을 타게 된다. 그러다 보니 자연스럽게 나만의 춤을 출 수 있는 것이다. 이 세상 오로지 그 어디에도 없는 나만이 표현할 수 있는 독특한 춤·명상 춤을 온 국민이 서로 나누면서 출 수 있는 날이 오기를 기대한다.

우리가 일할 때
신은 우리를 존중하고
우리가 춤출 때
신은 우리를 사랑한다.

-늙은 수피의 말-

4

다섯 가지 명상 여행

나는 매일매일 일과가 끝나고 집으로 가면, 일기를 춤으로 쓴다. 나는 이 시간이 가장 행복하다. 내 몸을 음악에 맡겨 선율이 인도하는 대로, 아니면 몸이 가는 대로 따라간다. 그러다 보면 어느새 내 몸과 마음은 하나가 되어 영혼의 춤이 나를 유혹한다. 한참 몰입하다 보면 나는 없고, 그저 춤만 남고 선율만이 흐른다. 이것은 움직여 보지 않은 사람은 맛볼 수 없는 희열이다. 그러면서 나는 기도하는 마음으로 몸을 움직인다. 나 자신을 춤에 맡기고, 춤이 내면에 있는 혈관을 지나 심장과 손을 거쳐 나가도록 내 몸의 각 부분에 귀를 기울인다. 각 부분의 에너지를 감지하고 각 부분의 이야기가 펼쳐지도록 내 몸을 맡긴다.

나의 머리는 모든 선입견과 신념, 도그마들을 가지고 내 삶을 조종해 왔다. 나는 지금껏 잃어버렸던 시간을 보상받기 위하여 내 몸을 움직이기를 원한다. 내가 지금 할 수 있는 것은 마음의 문을 열고 관심을 기울여 몸의 각 부분의 움직임을 통해 나에게 말하도록 하는 것이다. 몸의 부분들을 감지하여 그들이 자

84

신의 의견과 불평을 털어놓게 하여, 마침내 영혼 말고는 아무것도 남지 않은 영으로 충만된 존재 상태로 나아가는 것이다. 나는 첫 번째 리듬인 자연의 리듬, 땅의 리듬에서 내 몸을 움직인다.

가. 지구의 나

지구에 내 몸을 가지고 나타난 나. 나는 누구인가? 나는 어디서 왔는가? 존재에 대한 성찰로 시작하는 나는 과연 어느 별에서 왔을까? 나 없이 있음 존재로 있었던 내가 어느 날 때가되어 이 지구상에, 아니 현상계에 몸을 가지고 태어났다. 원래나는 자유다. 나는 무다. 나는 없었다. 그냥 있음이다. 내 어머니의 자궁을 빌려 태어난 나는 이곳에서, 이 땅에서 소풍 끝나고 돌아가는 날, 어느 시인의 시구처럼 즐거웠다고 말하며 떠나면 그만이다. 그때까지 신명 나게 내 춤을 추면서, 내 목소리를내면서 나답게 나로 살다 가면 되는 것이다. 나는 내 춤을 추기위해 이 땅에 온 것이니까.

지구의 리듬에 태초의 몸짓처럼, 그저 자연스럽게 내 몸이 움직이는 그대로 나를 맡겨라. 어떻게 하려 의도하지 말고, 태초의 리듬에 나를 맡겨라. 그때 올라오는 그 느낌, 감정이 나를안내할 것이다. 부드럽고 내 몸 마디마디가 연결되어 있다는 느낌으로 나와 지구와 우주는 하나다.

춤·명상을 할 땐 지구의 리듬에 맞춰 현재 살아 있음을 누리며, 온 우주와 내가 연결된 기분으로, 내 뼈 마디마디가 다 연결된 것처럼 호흡을 놓치지 말고 움직여라!

나. 불을 가지고 온 나

나는 불이다. 나는 스타카토다. 나는 이제 이 지구에서 나로 홀로 살아가야 한다. 나는 단절이다. 우주로부터 온 나는 이제 내 고향을 잊고 여기서 나로 살아가야 한다. 그러면 힘, Power 가 생명이다. 힘차게 흔들어라. 그렇지만 절제의 미덕 또한 포함하며 가지고 있는 나의 '끼'를 발산하라. 불은 강렬하다. 너무 강하면 주변이 타고, 남을 상하게 할 수 있다. 그렇지만 너무 약하면 타다가 다 타지 못하고 꺼지고 만다. 적당한 강렬함과 따듯함이 그 속에 공존하게 하여야 한다. 그래서 더욱 나를 발산하면서, 그 속에 나를 다듬어 가는 절제미가 나타나야 불의 나는 진정으로 아름다울 수 있다.

불살라라! 한 점마저 다 살라야 나를 찾을 수 있을지 모른다. 한여름 햇빛의 강렬함을 받아 오곡이 무르익고 풋풋한 과일이 단맛을 내듯이, 나로 거듭날 수 있는 토양을 만드는 것이다. 그러니 그저 내 모든 것을 쏟아내야 한다. 젊은 날에 내 에너지를 쓰지 않으면 언제 힘을 쓰겠는가? 힘쓸 때가 있다. 인생은 다 쓸 때 쓰고 거둘 때 거두는 지혜가 필요하다.

춤·명상에서 불의 리듬은 강함, 직선, 끊음, 안에서 밖으로, 중심에서 말단으로, 나에서 너로, 나에서 우리로, 나에서 모든 것으로 힘이 이동한다. 그것처럼 당신 자신의 마음을 표현하라!

다. 혼돈의 나

　내 젊은 날의 초상은 그랬다. 나는 카오스다. 혼돈이다. 내 젊음의 방황은 필수다. 겪어야 한다. 겪지 않으면 알 수 없다. 말로는 갈 수 없는 세계. 내가 내 발로 가보지 않으면 피상적으로밖엔 알 수 없다. 그런 것이 아닌 세계. 내가 직접 경험해 보지 않고는 그 젊은 날의 고뇌를 알 수 없다. 그것은 우리가 꼭 거쳐야만 하는, 아니 통과해야 하는 의식 절차다. 그렇지 않으면 그저 머리로만 알 뿐이다. 그것은 삶을 사는 데 별 도움이 되지 못한다.

　내 어머니의 자궁으로 난 내가 아니다. 내 자궁으로 나를 잉태하지 않고는 그 세계를 알 수 없다. 한여름의 뜨거움을 견디고 이겨내야 가을날의 단맛을 알고 여물듯이, 인생사도 자연의 이치와 무엇이 다를까? 카오스는 기회다. 내 인생에서 하나의 변곡점이다. 나를 한 단계 업그레이드시킬 수도, 추락시킬 수도 있는 중요한 지점이다. 내 몸을 음악에 맡기고, 그저 혼돈의 움직임을 처음 떨림으로 시작한다. 몸을 털어라. 내 몸의 모든 것들, 즉 내 고정된 생각, 그 잘난 신념, 확신, 무지로부터 오는 고집과 아집, 잘남, 못남, 독선, 자만심, 부끄러움, 수치심, 불안, 고통, 우울, 무기력으로부터 나를 내려놓는 작업이다. 내 속의 모든 것을 바꾸어 놓을 기회를 잡은 것이다.

　　다 바꿔라!
　　다 변화시켜라!

　남 눈치 보지 않고 내 속에 집중하여 머리끝에서 발끝까지 털고 비울 때 우리는 더 큰 에너지로 채울 수 있다. 우리가 상상할 수 없는 무한대의 자장이 나를 감싸고 나를 보호할 것이다. 우리는 충만으로 채워지는 기쁨을 선물 받을 수도 있는 것이다.
　춤·명상의 리듬은 떨림 음이다. 온몸의 60조 개 세포가 다 살아나도록 머리끝에서 발끝까지 사시나무가 바람에 떨듯 털어내라!

라. 자유로움의 나

나는 나다.

나는 자유다.

자유로움이 나다.

나는 원래 그런 사람이다.

나는 지구로부터 지금 나로 존재하기까지, 그 모습으로 나타나면 그만이다. 어디에 소속됨이 없이 넘나들며 자유자재로 내 몸을 맡겨라. 내 몸이 뭘 더 원하는지, 달콤함을 원하는지, 아니면 땅의 기운을 더 맡고 싶은지, 불의 강렬함을 원하는지, 그저 몸한테 전적으로 맡기고 그렇게 움직이면 된다. 움직임이 바로 나다. 그 움직임을 놓치지 말아라. 때론 방황처럼 보일지 모르지만, 그것은 방황이 아니다. 방황은 내가 어디로 가야 할지를 모를 때, 아니 내 목표 도달점을 모를 때를 말하는 것이다. 나는 내가 갈 길을 안다. 그러기에 그저 가면 된다.

　자유로움의 나, 춤·명상의 리듬은 가장 창조적인 춤인 나만의
춤으로 다시 태어나게 하는 춤이다. 태어나 처음으로 당신 자
신이 정말 자유를 실감할 것이다. 그저 안 가본 곳이 있으면 자
유자재, 적재적소, 어디든 가봐라! 기웃거려도 되고 적당히 놀
다 나오면 그만일 뿐. 인생 뭐 있는가? 안 해보는 것이 바보짓
아닐까?

마. 있음으로의 나

내 여행은 이제 마무리해야 한다. 다시 나로 돌아와 나를 돌아본다. 내 여행은 의미가 있었는지, 잘 여행했는지, 원점에서 나를 돌아보는 시간이다. 참으로 의미 있고 뜻깊은 시간이다. 더 바랄 것이 없는, 내 존재만으로도 다 채워진 삶. 나는 조용히 내 춤을 춘다. 아주 낮은 곳으로 임하신 주님처럼 다 내려놓고 비우는 삶. 나는 침잠하여 나를 바라본다. 어느새 내 춤은 한 마리 새가 되어 드넓고 넓은 창공을 날고 있다. 천천히 날갯짓하며 그동안 여행하며 춤추었던 즐거움과 아름다운 기억을 뒤로한 채, 내 영혼이 편안히 쉴 곳을 찾아 날갯짓을 접으려 한다. 내 몸과 마음은 한없이 이완되고 이 세상 모든 것을 가진 부자가 되어, 그 어떤 것도 더 이상 부럽지 않다.

나는 충만하다.
나는 다 이루었다.
이것이 나다.

있음으로의 나, 춤·명상의 춤은 침묵이다. 이는 영혼의 완전한 휴식을 의미한다. 여기서 독특하고 끊임없이 변하는 속성을 지닌 신비스러운 자신의 본질을 발견하게 된다.

침묵의 춤은 고통과 상처를 아름다움, 사랑, 행복, 창조성으로 변화시키며 호흡으로 몸을 조율한다. 호흡의 리듬에서 호흡이 올라가면 몸도 올라가고, 호흡이 내려가면 몸도 내려간다. 호흡은 들숨에 길게 들이쉬고, 날숨에 길게 내쉰다. 동작은 자신의 중심에서 시작하여 몸 전체 말단으로 움직인다. 의식은 참나, 즉 진아(眞我)와 일치된 궁극의 상태가 된다. 또한 정서는 자비를, 관계성은 온 우주 만물과의 연결을 의미한다.

5

춤·명상 동작의
선구자들

가. 마리안 체이스(Marian Chace : 1896~1970)

동작 치료의 선구자로 알려진 그녀는 무용가, 안무가, 공연자로서 테드 숀(Ted Shawn), 뉴욕의 데니숀(Denishawn) 무용학교에서 공부했다. 그 후 뉴욕의 한 병원에서 25년간 근무하면서 무용동작 치료사들을 위한 교육 프로그램을 만들고, 미국무용동작치료협회의 초대회장을 역임했다. 체이스는 학생들로부터 많은 지지와 존경을 받았다. 그녀의 이론을 4가지로 요약하면 다음과 같다.

체이스는 설리반(Sullivan)의 이론에 영향을 받아 폐쇄병동 정신병 환자들을 위한 다양한 형태의 소통을 시도했다. 이는 인본주의 심리학자들처럼 모두 개인의 건강한 측면을 믿고 존중했다. 특히 중증 정신병 환자들이 비언어적 의사소통 도구에 상당히 의존한다고 보았다. 그래서 환자들의 정서적 표현으로 구성된 움직임과 몸짓을 관찰하고, 거기에 반응하면서 환자들을 고립으로부터 끌어내려고 노력했다. 그녀는 춤동작을 통한 개입으로 환자들의 움직임 표현을 인식하고, 직면하고, 반영하며 상호 작용할 수 있다고 보았다.

춤동작의 4가지 구성 요소

① 신체의 움직임

감정 표현을 통한 근육 활동이 신체 움직임의 기본이 된다. 춤동작은 감정의 표현을 구조화하고 체계화하는 수단이므로, 신체의 움직임은 내담자인 환자들을 재활시키는 강력한 수단이 될 수 있다.

② 상징화

체이스는 항상 상징적인 수준에서 내담자들의 문제를 다룰 때, 해석 내지는 분석이 필요하진 않다고 보았다. 억압되고 무서운 감정은 움직임을 통해 밖으로 표현된다고 보았다. 즉 상징적인 신체 언어로 내적 감정을 다양한 형태로 밖으로 표현하는 것이다.

55555

③ 동작을 통한 치료적 관계 형성하기

내담자에 대한 감정적 수용이나 의사소통을, 동작을 통한 관계나 상호 작용에 집중하며 치료자가 치료적 관계로 발전시킬 수 있게 한 것은 체이스의 절대적인 공헌이다.

④ 리듬 활동으로 본 집단 관계

집단 리듬은 공동체 의식에서 원시인들이 공동체를 숭배하게 하고 협동심을 고취하기 위한 수단으로 이용했다. 음악과 춤의 리듬은 생각과 감정 표현을 활성화하고, 의미 있는 무용 행위로 조직화하며, 사람들 사이에 단합된 감정을 불러일으킨다. 리듬적으로 과장된 몸짓이나 다른 비언어적 소통 과정에서 체이스는 자신의 신체 언어와 상징적 의미에 대한 극단적인 행동을 수정해 가며 표현했다. 결론적으로, 리듬 활동으로 본 집단 관계는 리듬 활동의 반복과 훈련의 경계 안에서 생각과 감정이 드러나며 구조화되는 과정을 제공한다.

체이스의 치료 활동 기법

체이스의 프로그램을 전개해 가는 일반적인 구조는 도입, 전개, 결말의 3 단계로 구분된다. 도입 단계는 준비 활동으로 신체를 이완시키고 몸을 가볍게 푸는 동작으로부터 시작한다. 전개는 주제를 확인시키고 오늘 할 세션에 대한 감정적인 부분까지 확장한다. 그리고 결말의 마무리 단계는 나눔과 정리를 하면서 자연스러운 원을 만들어 느낌과 소감을 나눈다.

신체 준비 활동

신체 준비 활동은 무용동작 치료실에 입장하면서 서로 대면하고 접촉이 이루어진다. 이때 내담자들의 상태를 보고 움직임의 동작을 확장하고 집단의 형태를 결정하기도 한다. 또한 음악의 선택에서도 느리고 분위기 있는 음악, 빠른 활동적인 음악은 그때의 집단 분위기를 감지하여, 구성원들이 서로 교감·소통할 수 있는 리듬을 선택하도록 한다. 촉진자는 구성원 사이를 누비며 개개인의 무의식적인 공간의 벽을 허물며, 자유자재로 이동하며 여러 다양한 동작을 시범 보일 수도 있다. 그러는 사이 자연스러운 원이 만들어지기도 한다. 또는 짝을 이루거나 3~4명의 소그룹으로 나누어 느낌이나 시각적·신체적 작은 접촉이 이루어지도록 하여 안정감을 느끼게 한다.

주제 확인

신체 준비 활동을 거쳐 집단에서 다루어야 할 공통 감정이나 관계의 문제를 인지하고, 풀어야 할 과제를 드러내는 것을 의미한다. 체이스는 주제 확인을 집단 구성원과 언어와 비언어적 이미지로 움직임을 발전시켜 나가면서, 집단에는 더 강렬하고 응집력 있는 일체감을 형성하게 했다. 예를 들어, "당신은 누구와 대화를 하고 있나요? 또는 "당신 등에 있는 것은 무엇인가요?" 등의 질문을 하게 했다. 이런 질문은 집단을 살리고 연결하며 상호 작용하는 데 도움을 주었다.

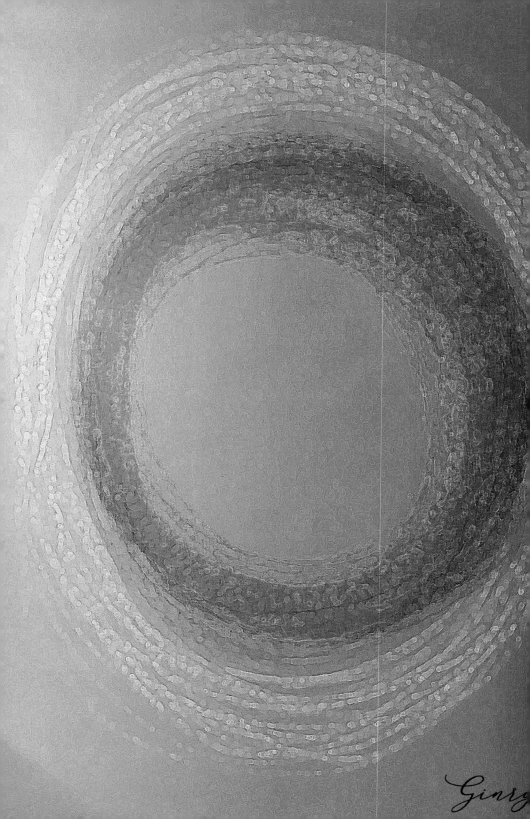

종결

체이스의 집단 세션에서 마무리는 집단 구성원들이 자연스럽게 상호 작용하면서 마무리될 수 있게, 원을 중심으로 공동의 움직임으로 동작하면서 느낌을 나누거나 토론하는 방식을 택했다. 모든 집단 구성원들과 개인적 관계를 마무리하기 위해 반복적인 공동의 움직임을 사용하므로 상호 간에 지지, 연결, 안녕, 행복감을 제공했다.

나. 블랑쉬 에반(Blanche Evan : 1909~1982)

에반은 내츄럴 댄스(Natural dance)와 즉흥무용의 선구자인 라슨(Larson)의 영향을 받았다. 따라서 그녀의 춤은 창의적이고 정서적인 잠재력을 가진 즉흥무용이었다. 그녀는 사망할 때까지 '정상적이고 기능이 좋은 도시 신경증 환자'라고 일컫는 성인들이 주 관심 대상이었다. 에반은 언어와 무용을 하나의 온전한 근본적인 심리치료와 통합했다. 그리고 그것을 무용동작 언어치료라고 명명했다.

그의 이론을 살펴보면 다음과 같다.

서구사회의 이분법적인 사고는 춤을 삶, 경험, 현실로부터 고립되게 하고, 외적인 것에 내적 리듬을 맞추게 했다. 그러다 보니 현대무용과 발레는 춤의 역동성이 떨어진 무미건조한 춤이 되어 버렸다. 아들러(Adler) 심리학의 영향을 받은 그는 억압된 공격성과 분노가 신경증의 주요 문제인데, 신경증 환자의 분노가 표출되지 못하고 억압되어 행동이 제약되고, 그 에너지는 방향을 잃어 근육이 경직되고 무감각해지는 것이라고 보았다. 에반은 신경증 환자들이 얼굴 근육을 경직시켜 자신의 느낌을 감추려는 경향이 있거나, 가식적으로 감정을 드러내기도 한다고 했다. 따라서 에반은 그들을 재교육하여 가족과 사회의 억압적인 영향 이전의 신체적인 반응과 욕구를 수용하여 표현하게 하고 싶었다. 에반에게 무용은 언어와 대체할 수 있는 의사소통 수단이자 비언어적인 소통 수단이었다.

에반의 치료활동 기법

① 준비 단계

내담자는 처음엔 몸을 움직이는 몸짓이나 동작이 부자유스러울 수밖에 없다. 몸은 긴장되어 굳어 있고, 마음은 초조하고 불안하다. 이런 신체적인 느낌과 정서를 가능한 한 표현될 수 있도록 안내하는 것이 필요하다. 그래서 내담자가 자기와 접촉하여 자신의 과도한 긴장을 해소하는 데 역점을 두었다. 그 해결 방법으로 몸을 모든 방향으로 자유롭게 흔들고 몸을 터는 작업을 한다. 이는 접근하기 쉬운 방법이며, 해방감 내지는 안도감을 줄 수 있다. 이런 움직임은 더 발전된 방향으로 몸을 움직이는 데 중요하며, 세션의 즉흥적 단계에서 떠오르는 무의식적인 요소를 다루기 위해서도 반드시 거쳐야 하는 필수 단계로 보았다.

② 기능상의 구조

에반은 몸의 기능상 척추를 매우 중요시했다. 척추가 인간의 직립보행은 물론 균형 잡힌 자세를 갖는 데 사용되는 무용 도구이자, 전체적으로 신체적 능력을 결정하는 것으로 보았다. 또한 춤동작의 기술적인 테크닉은 창의적인 춤동작을 방해하지 않는 범위 내에서 형식적인 춤의 구조를 부인하지 않았다. 다만 개인적인 춤동작의 창의성은 지속적인 테크닉과 함께 통합 발전이 필요하다고 보았다.

③ 즉흥·실행

에반은 몸과 마음의 두 면을 동일선상에 놓고 강조했다. 인간 존재는 몸짓을 통한 몸의 경험과 마음으로의 정신 경험이 같이 간다. 또한 즉흥적인 실행 과정은 크게 3단계로 구별했다. 즉 투사적 방법, 잠재적 동작의 민감성 내지는 활성화 정도, 내면의 깊은 즉흥 등으로 나누었다.

첫 번째인 투사적 방법은 내담자들에게 나무가 되어보기, 바람이 되어보기, 곤충이 되어보기, 새가 되어보기 등과 같이 하면, 내담자는 바람을 예로 들면 산들바람, 솔바람, 골바람, 찬바람, 따뜻한 바람, 강풍 등 같은 다양한 선택을 통해 자신이 느끼는 감정을 이미지로 투사하여 느낄 수 있다. 이러는 동안 내담자는 긴장된 마음이 이완됨을 경험하기도 한다. 때론 분노의 감정을 인식하여 개인의 특정한 사람이나 사건으로 연결될 수도 있다.

두 번째인 잠재적 동작의 민감성 내지 활성화 정도는 춤동작의 요소인 빠르고 느리게, 앞으로 뒤로 옆으로 위로 아래로, 강하게 약하게, 리듬감 있게 거칠게 등을 이용했다. 그래서 민감성 있는 다양한 자극을 몸이 경험하도록 하여 잠재적 동작을 끄집어내 활성화시키는 데 기여했다.

세 번째인 내면의 깊은 즉흥은, 상반된 역할을 교대로 경험하여 움직임의 역동을 경험하다 보면, 자연적으로 자기의 내면 깊은 즉흥과도 만날 수 있다는 것이다. 또한 내담자들이 상호 작용을 통해 즉흥적으로 주제를 탐색할 수 있도록 안내하면, 오히려 특정한 움직임 특성을 더 많이 경험할 수도 있다.

④ 생각과 감정의 언어화

움직임의 잠재성을 익히고 경험하며 선택하도록 돕기 위한 방법은 춤동작을 위한 필요 요소 중 하나인 지시어를 사용하는 것이라고 에반은 보았다. 이는 지시어에 생각과 감정을 자연스레 녹아들게 하여 사용할 수 있다. 예를 들어 움직임 단어를 사용해서 특정 동작을 더 많이 탐색할 수 있도록 안내했다. '두 손을 더 크게 움직여 볼까요?', '더 빨리 걸어 보아요.' 등과 같은 제안을 했다.

다. 메리 화이트하우스
(Marry Whitehouse : 1911~1979)

메리 화이트하우스(Marry Whitehouse)는 미국 서부에서 무용교사, 무용동작 치료사로 활동했던 선구자이다. 춤을 치료적 목적으로 사용할 때, 남의 눈을 의식하지 않고 몸의 움직임을 통해 마음의 깊은 곳까지 들어갈 수 있음을 이용했다. 또 융(Jung)의 분석을 통해 성격을 분석하고, 그것에 대한 깊은 통찰과 경험을 이용하여 무용동작 치료를 한 단계 업그레이드시켰다. 더 나아가, 접근 방법이 이론적인 면에서 중심이 되는 주제를 심도 있게 다루었다. 그 주제를 살펴보면 다음과 같다.

① 신체적 감각과 인식하기
화이트하우스는 신체적 감각과 인식하기에서, 신체감각은 개인이 움직일 때 느끼는 주관적인 감각으로서, 그것은 서로 연결되며, 몸은 일어나는 모든 움직임 현상이 개인의 정체성과 밀접한 관련이 있는 유기체라고 했다.

② 양극성

융의 분석에 대한 영향을 받은 화이트하우스는 양극성이 삶의 모든 부분에서 감정적·정서적으로 나타난다고 보았다. 따라서 양극성이 어떻게 몸과 마음에 반응하여 영향을 주는지, 무용동작 치료 중에서 치료자는 양극적인 현상을 반영하고 사용하는지를 관찰하는 것을 중요하게 강조했다. 춤은 근본적으로 양극성을 무시할 수 없다. 곡선과 직선, 좁은 몸짓 넓은 몸짓, 닫힌 열린, 위와 아래, 무거움과 가벼움, 손과 발, 빠른 동작 느린 동작 등 많은 상반된 쌍으로 연결되어 있다. 춤은 이런 양극성을 스스로 만들어 가거나 그런 양극적인 욕구를 해결해 가는 과정이라 할 수 있다.

③ 적극적 상상

적극적 상상은 융의 분석심리학적 과정에서 의식적이든 무의식적이든, 모든 경험이 개인의 연상을 통해 몸으로, 몸짓으로, 움직임 등 신체적 행동의 양상으로 표현되는 것을 말한다. 적극적 상상은 심리적·신체적 연결을 의식화하면서 몸, 근육, 관절, 세포와 세포의 조직에 내장되어 있는 무의식적 정서들의 보이지 않는 실체가 의식화하며 나타나게 할 때 힘을 발휘한다고 보았다. 그러기에 무의식의 표현은 한계성도 없고 일관성도 없고 답도 없다. 그 표현은 개인적인 자아 그 이상의 무의식의 언어인 색으로, 그림으로, 시로, 음악으로, 춤의 형식으로 나타나기도 한다.

④ 진정한 움직임

화이트하우스는 진정한 움직임을 다음과 같이 묘사했다. '진정한 움직임'과 '보이지 않는 움직임', 이 두 움직임의 차이를 처음엔 표현하고자 하는 마음, 다른 하나는 숨기고 억제하고자 하는 마음의 양극성에서 찾았다. 이를 증명하기 위해 '나는 움직여진다.(I am moved)'와 '나는 움직인다(I move)'의 표현을 사용하여 설명하려 했다. 즉 의식적인 자아의 움직임과 무의식적인 자아의 움직임 사이의 차이라 할 수 있다. 움직임의 실제는 움직이든 움직여지든, 두 가지는 같은 순간에 반복적으로 나타날 수도, 일회성으로 나타날 수도 있다. 문제는 이런 움직임을 본인 자신이 내가 지금 무슨 동작을 하는지, 무슨 일이 나에게 일어나는지를 아는 것이 온전히 나를 알아차리는 움직임의 출발이며 핵심이라는 것이다. 그녀는 의식적이거나 무의식적인 움직임을 포함하는 온전한 알아차림을 하여 양극이 통합되기를 원했는지 모른다. 즉 화이트하우스가 말하는 진정한 움직임은, '나는 움직인다'와 '나는 움직여진다'가 동시에 양립하고 표현될 수 있는 초월적 경험을 할 수 있도록 도와주는 것이라고 할 수 있다.

화이트하우스의 치료적 개입 방법론

① 준비 단계

화이트하우스의 치료적 개입 방식은 내담자가 지금 어떤 상태인지를 가늠하고, 거기에 맞게 맞춤식으로 개입했다. 즉 지시적이거나 비지시적이고 외적인 것에, 아니면 내적인 것에 초점을 맞추었다. 그녀는 치료적 움직임 과정에서는 내담자와 치료자 사이의 치료적 관계 형성이 이루어졌는지가 중요하다고 생각했다. 특히 치료의 특정한 기술보다는, 치료적 개입을 어떻게 하는가를 매우 중요하게 다루었다.

② 비구조적 치료 환경의 제공

화이트하우스는 내담자에게 움직임을 허용하고 아이디어를 자유롭게 표현할 수 있게 하거나, 그렇지 않으면 자신의 생각과 느낌을 자유로운 흐름 속에서 움직임을 스스로 결정할 수 있는 비구조적 치료 환경을 제공하기도 한다. 그런 환경을 제공하기 위해 살아 있는 동식물 중에서 내담자가 관심 있는 것을 골라,

이미지와 연상을 떠올리도록 한다. 예를 들면, 둥지에서 어미의 먹이를 기다리는 어린 새가 되어, 그 새가 둥지 안에서 어떻게 하고픈지 물어볼 수 있다. 이런 방식은 투사적 테크닉을 통해 표현과 통찰을 촉진시키는 창의적인 무용동작 치료가 갖는 특성이다.

③ 적극적 상상을 통한 치료적 개입

융의 분석심리학의 관점에서 신체적 행동의 특성으로 표현되는 움직임의 적극적 상상을 통한 치료적 개입을 할 때, 화이트 하우스는 내담자가 움직임 즉흥이 일어날 때는 일체 개입하지 않으나, 움직임이 멈췄을 때나 도움이 필요하다고 판단되면 '무슨 일이 있어요?', '지금 어디에 있어요?', '무엇이 있나요?'라고 물어본다. 이를 통해 내담자에게 도움이 될 더 깊이 있는 제안을 하거나, 내담자가 움직임 탐색을 초점을 가지고 할 수 있도록 직관적으로 돕는다. 그녀는 "나는 당신의 얼굴빛이 밝아지

고 자유스러워 보일 때 이런 특정한 패턴의 움직임을 보았어
요.", "누구랑 같이 어떤 동작을 했나요?"라고 묻는다. 그러면서
내담자가 관계한 사람이 누구인지, 움직임은 어떠했는지를 서
로 나누고 개입하는 방식이다. 이것은 움직임의 의미를 해석하
는 것이 아니라, 움직임을 경험한 이후 심리 신체적 활동을 언
어로 통합하고 이해하는 것이다.

④ 진정한 움직임과 통합의 단계

적극적 상상 과정은 진정한 움직임의 모형을 통해 전체적인
통합으로 나아간다. 즉 '나는 움직인다'와 '나는 움직여진다'가
동시에 양립하고 표현되는 초월적 경험을 할 수 있다. 내담자와
촉진자가 하나 되어 무의식을 의식화하는 과정이며, 서로 상반
되었던 감정의 전이를 경험할 수도 있다.

라. 트루디 슈프(Trudi Schoop : 1903~1999)

트루디 슈프(Trudi Schoop)는 1903년 스위스에서 태어나 16세에 처음 무대에서 무용 공연을 했다. 마임가로서의 경력을 지니고 있는 그녀는 미 서부 무용동작 치료의 선구자로서, 특유의 유머 감각으로 환자들에게 다재다능함과 유연성을 선사했다. 그리하여 그녀만의 독특한 개성으로 무용동작 치료 현장에 기여했다.

그녀의 이론을 살펴보면, 몸의 자세와 정렬은 마음의 상태를 반영하며, 몸의 감각을 통해 현재의 정신 상태를 나타낸다는 것이다. 그녀는 인간이 두 가지 수준의 삶을 사는데, 하나는 늘 사는 일상이고, 다른 하나는 존재로 가는 우주의 삶이라고 묘사했다. 그래서 춤을 신체적 수준과 우주의 무한대의 에너지와의 연결로 보면서, 서정적이고 시적인 방법으로 근육의 수축과 이완, 구부리기와 펴기를 통해 삶의 영원성을 리듬으로 구성한 춤을 만들어 갔다.

트루디 슈프의 접근 방법

① 교육적 접근-감정 해제

촉진자의 시범을 통해 내담자들이 환경에 익숙해질 때, 즉흥형식의 자발적인 움직임 표현으로 옮겨 간다. 슈프는 내담자들이 감정표현에 서툴고 익숙하지 않기 때문에 스스로 자신의 갈등을 인정하고 자기수용으로 변화를 이끌 수 있도록 지켜본다. 그래서 감정에 대한 금기를 해제하고, 내담자들이 자신을 수용할 준비가 되면, 내담자가 몸의 움직임을 탐색하고 배울 수 있도록 도움을 준다. 예를 들면 내담자들의 몸자세를 보고, 그들이 하는 자세를 모방하고, 과장하여 그들의 왜곡된 자세를 보여준다. 그러면 내담자들은 신체적인 자신의 징후를 직면하고, 스스로 방어하지 않고 수용하게 된다는 것이다. 그런 다음 내담자들로 하여금 반대되는 자세를 때론 과장하여 걷게 하거나 그런 자세를 취하도록 지지한다. 과장된 걸음걸이, 팔자걸음, 안장걸음, 팽귄걸음, 오리걸음, 절름발이걸음 등, 혹은 넓은 보폭, 짧은 보폭, 빠르고 느리게 걷는 걸음 등의 신체 과장을 촉진한 후 재결합하는 방식을 취한다. 즉 적극적인 신체의 통제를 통해 신체를 교육하고, 민감하게 반응하도록 하며, 신체의 양극성을 훈련을 통해 교육했다.

② 리듬적 움직임과 표현하기

음악을 들으면서 리듬에 따라 움직이고, 연상되는 행동을 표현하고, 특정 감정을 표출하도록 한다. 내담자는 스스로 또는 옆 사람의 몸짓을 흉내 내기도 하며, 감정에 몰입하여 스스로 주저했던 감정의 금기를 해소하도록 한다. 예를 들면, 분노 감정을 처음엔 발차기, 큰 소리 지르기, 주먹 뻗기, 팔 휘두르기 등을 하면서 자연스레 리듬감에 몸을 맡겨 춤의 형식을 통해 해소할 수 있도록 전환한다. 감정과 움직임의 통제를 위한 방법 등을 긍정적으로 강화하도록 유도한다. 이런 훈련은 자기 자신을 표현하는 구체적이며 구조화된 방법을 터득하게 만든다. 특히 자기 통제감, 신체에 대한 신뢰와 정체성이 확립되고 삶에 유연하게 대처하는 능력을 향상시킬 것이다.

슈프는 일상적인 활동, 즉 세수하기, 머리 빗기, 옷 입기, 빨래하기, 청소하기 등을 행동화하게 하여, 이를 내적인 자신의 리듬과 접목하게 한다. 그러다 보면 자연스레 내담자들이 자기 삶의 일상적인 움직임의 리듬을 예민하게 느낄 수 있게 유도된다. 다시 말해 집단 내의 개인적인 욕구를 표현하도록 촉진시키고, 그다음 순서로 이들의 욕구를 하나의 일체성을 띤 공감된 집단 리듬의 움직임으로 발전하고 조율되도록 조직화해 나갔다.

③ 상상 속의 삶

슈프는 내담자들의 망상, 환상, 환각, 상상의 세계에 일시적으로 이입하여 그들의 세계를 이해하는 것이 중요하다고 믿었다. 그러다 보니 내담자들의 상상 속의 삶을 무용이나 움직임을 통해 탐색하게 되었다. 예를 들면, 정신장애 환자들의 환상을 억제하지 않고, 오히려 그들과 함께 그 환상의 세계를 여행하고 날아다니며 그들을 안내하는 것이 필요하다고 느끼며, 그들의 세계를 세심하게 경청하고, 동작을 관찰하고, 질문하고, 생각과 상상을 몸으로 표현하고, 현실로 직시하면서 환자들의 세계를 이해하려고 했다. 즉 즉흥적인 움직임과 동작을 통해 환자들의 상상이나 환상이 신체적으로 변형될 수 있다면, 환자들의 상상은 많은 방법으로 표출될 수 있다는 것이다. 상상은 신체적으로 부드럽게 표현될 수도 있고, 다양하게 객관화될 수도 있으며, 통제되고 움직임이 숙달되어 숙련될 수도 있다. 이런 과정을 통해 환자의 상상이 구체적·신체적인 형식으로 나타날 때 두렵거나 감정적이 아닌, 더 정제되고 더 통제된 형태로 표현될 수 있다.

④ 즉흥과 통제된 움직임의 결합

슈프의 즉흥적인 움직임과 미리 통제된 움직임의 결합은 독특한 무용동작 치료 접근 방법이었다. 즉흥적인 움직임은 내담자가 자신의 몸을 자발적으로 방어하지 않고 움직일 수 있도록 하면서, 비언어적인 자유연상의 과정으로 생각했다. 슈프는 즉흥적인 움직임을 하는 동안 자기 관찰을 하면서 움직임의 결과물을 돌아보았다. 그리고 주관적인 경험을 무용동작의 움직임으로 확대 재생산하는 작업을 했다. 그러면서 능동적인 즉흥에서 떠오르는 무의식적인 자극의 흐름을 신체적으로 능숙하게 표현하는 것을 경험하도록 했다.

6

춤·명상 치료의 대상과
프로그램

가. 자아실현 - 더 나은 삶을 추구하는 사람들

인본주의 심리학자인 칼 로저스(Carl Rogers)는 긍정적이고 건
강한 성장은 당연히 모든 사람의 행동에 표출되는데, 이러한 성
장 과정을 실현(actualization)이라고 했다. 실현은 유기체를 유지
하거나 고양하는 방식으로 역량을 발달시키려는 경향성이다.
실현이 자기의 유지나 성장을 촉진할 때 자아실현(self-actual-
ization)이라 한다. 자아실현은 삶을 더 확장하거나 풍부하게 만
들고 창조적이 되게 한다. 그것은 개인 내부에서 일치성(con-
gruence), 온전성(wholeness), 통합성(integration)을 증진시키고,
분열이나 불일치를 최소화한다.

로저스는 실현 경향성이 인간 본성의 일부라고 믿었고, 자아
실현을 하는 사람을 '충분히 기능하는 사람(fully functioning
person)'이라고 묘사했다. 충분히 기능하는 사람은 세상을 경험
하는 데도 모험심이 강하고 개방적이다. 그들은 세상과 벗하며
도전하고, 흥미가 넘치며, 고통도 기꺼이 감수하며 사는 사람들
이다. 이런 부류의 사람들을 만나 춤을 추고 노래 부르며 같이

호흡하며 산다면, 이보다 더한 행복한 삶이 어디 있으랴?

자아실현을 하고픈 사람들을 위한 세션은, 그들이 기본적으로 배우려는 동기가 강하기 때문에, 과정 자체를 더 세심하게 프로그래밍할 필요가 있다.

여기서는 춤동작 프로그램 중에서 '자아실현'을 위한 실제적인 내용을 7차시에 걸쳐 구성하고 있다. 모든 인간들이 추구하는 삶의 목표들을 표현하는 단어들 중 희망·용기·기쁨·도전·실현·건강·여유·아름다움·신성·자유 등을 표현하며, 내적 감각과 정서를 탐색하고 알아차려, 건강하고 행복한 삶을 창조해 가는 삶으로 새롭게 거듭나도록 하는 것을 목표로 만들어졌다.

'자아실현' 프로그램 교육 과정안은 7차시로 구성했다.

차시	주제	중심 내용
1	자기소개 및 자기이해 안전감, 친밀감 형성	신체감각 깨우기 I 신체이완
2	관계 활성화 -친밀감, 내려놓기	신체감각 깨우기 II 바디로직, 마음이완
3	신체 활성화 -나 사랑하기	신체인식 I 척추와 몸통 움직이기
4	존중과 배려	신체인식 II 자기 공간 보호하기 타인의 공간 존중하기
5	나의 겉마음과 속마음	마음 표현하기 I
6	관계 속에 피어나는 아름다움	마음 표현하기 II 고리 만들기
7	나는 자유인	마음 나누기 I -5리듬

〈1차시〉

1차시 목표는 안전한 곳임을 알고 친밀감을 형성한다.

◆ 별칭 짓기

강의 기간 동안 나를 불러 줄 이름을 하나씩 지어, 명찰에 크게 적어 상대방이 멀리서도 보이도록 유성 펜으로 써서 왼쪽 가슴에 붙인다.

◆ 자기소개

각자 돌아가며 자기를 1분 이내로 소개한 후, 참가한 동기와 마음가짐 목표를 말한다. 촉진자는 프로그램 과정과 주의사항 등을 안내한다.

◆ 신체이완

신체감각 깨우기는 촉진자의 안내에 따라 가볍게 손가락부터 시작하여 차례로 팔, 어깨, 목, 머리, 몸통, 허리, 골반, 무릎, 다리, 발 등으로 이어 가며 풀어 준다.

◆ 걸으며 인사하기

음악에 맞춰 공간을 이동해 가며, 만나는 사람과 몸의 각 부분으로 인사한다. 처음엔 하이파이브로, 어깨로, 등으로, 발바닥 등으로 만남의 기쁨을 표현해 본다.

◆ 음악에 맞춰 움직임 해보기

음악의 리듬에 맞춰 빠른 음악은 빠르게, 중간 빠르기에는 중간으로, 느린 음악엔 느린 움직임으로 동작을 해본다. 그리고 반대로도 춤춰 본다. 빠른 음악에 느린 동작으로, 느린 음악에는 빠른 음악으로도 해본다.

◆ 소감 나누기

원으로 둘러앉아 몸의 편안 정도를 1~10까지의 단계로 표현해 보도록 한다. 또 몸이 불편한 부분, 긴장된 부분, 어디가 무거운지 등 느낌을 나누도록 한다.

〈2차시〉

2차시 목표는 관계를 더욱 친밀하게 하고, 불편하고 어색한 마음 등을 모두 내려놓도록 한다.

◆ 공간 걷기

공간을 충분히 활용하며 이곳저곳을 걷는다. 큰 보폭·중간·짧은 보폭·앞으로·뒤로·옆으로 등 여러 방법으로 걷는다.

◆ 긴장한 몸 풀고 이완하기

우리 몸은 매일매일 긴장과 스트레스의 연속이다. 따라서 몸은 굳고 경직되어 있다. 이런 몸을 가볍게 풀어 놓아 움직이게 해야 질병으로부터 보호할 수 있다. 가벼운 공을 가지고 둥글게 둘러앉아 옆 사람에게 별칭을 부르며 전달한다. 다 돌아가면 이번엔 반대편 사람에게 별칭을 부르며 가볍게 던져 준다.

◆ 앉은 사이로 공 밀어 넣기

조금 간격을 더 벌려 두 사람 사이로 공을 밀어 넣기를 해본다. 양쪽에 있는 두 사람은 자기 사이로 공이 넘어가지 않도록 최선을 다해 막는다. 어쩔 수 없이 사이로 공이 넘어가면 골인이 되어, 두 사람이 가위·바위·보를 하여 진 사람이 원 안으로 들어와 칭찬 샤워를 받는다.

◆ 바디로직

몸의 자연스러운 움직임을 따라 처음엔 전체가 촉진자의 안내에 맞춰 가벼우며 쉬운 동작을 해본다. 이때 구성원은 그대로 동작을 같이 재현한다. 순서를 정해도 좋고, 느낌이 오는 사람이 리더가 되어 따라오게 할 수도 있다. 이때 주의할 점은, 너무 급격하게 변화를 주지 말고, 천천히 동작이 이어지도록 한다. 2~4인 1조로도 할 수 있다.

◆ **음악과 함께 춤추기**

전체 둥글게 모여서 몸을 푼다. 이완시킨 몸으로 춤을 춘다.

◆ **소감 나누기**

전체 원으로 모여 간단히 소감과 느낌을 나눈다.

<3차시>

3차시 목표는 '나를 사랑하기'이다. 나를 사랑하려면 내가 뭘 원하는지, 무엇을 좋아하는지 싫어하는지를 알아야 한다. 나에 대한 본격적인 탐색 작업을 한다.

◆ 몸풀기

기지개를 켠다. 최대한 벌리기. 좌우, 옆, 대각선 등으로 손을 벌려 본다. 이때 발도 여러 방향으로 벌린다.

◆ 몸 깨우기

처음 짝과 한 사람은 눕고 다른 한 사람이 양 발목을 천천히 가볍게 잡고 살살 흔든다. 나중에 '어디까지 진동이 느껴지나요?' 하고 묻고, 적당히 한 후 천천히 손을 뗀다. 후에 받은 소감을 물어본다.

◆ 몸 털기

우리의 몸은 항상 스트레스와 긴장으로 수축되어 있다. 어깨는 굳었으며, 얼굴은 웃음을 잃고 산 지 오래다. 몸 털기 춤은 수축되어 있는 근육을 풀어 주고, 몸에 필요 없이 저장되어 있는 나쁜 독소를 제거하는 데 훌륭한 방법이다. 특히 신체적, 심리적, 정서적으로 불안감을 해소하여 편안하고 안정감을 주는 효과적인 춤의 일종이다. 방법은, 다리를 어깨 넓이로 벌리고 서서 긴장을 풀고 손가락부터 팔목·팔꿈치·어깨·머리·팔 등으로 천천히 위에서 아래로 턴다. 때론 방향을 바꿔 가며 팔을 앞으로 쭉 펴서 좌에서 우로, 대각선으로 등 다양하게 동작해 본다.

◆ 몸 느끼기

몸 털기로 충분한 이완을 경험하고, 힘들어서 땀나고 열이 나면 지시에 따라 바닥에 눕는다. 누워 가장 편한 자세를 취한 후 지그시 눈을 감고 호흡을 알아차리며 있는 그대로를 느껴 본다. 우리 몸 전체를 하나하나 더듬으며 그것들이 하는 일 등을 감사한 마음으로 생각하며 바라본다. 머리·뇌·눈·코·입·귀·목·등·어깨·견갑골·팔·팔꿈치·팔목·손등·손가락·가슴·갈비뼈·척추·골반·무릎·정강이·발목·발등·발가락·피부 등, 온몸을 사랑의 기운으로 느껴 보고 바라보며 서서히 내 몸 여행을 마친다. 그리고 심호흡을 세 번 정도 내쉬며 내 몸이 봄눈처럼 끝없이 녹아내려 냇물이 강물로 바다로 흘러가도록 내버려둔다. 그리고 내 몸이 어디가 무겁거나 불편한지를 느껴 본다. 이제 서서히 눈을 뜨고 가장 먼저 눈에 들어오는 것을 지그시 바라본다. 충분히 느낀 후 천천히 일어나 앉는다.

◆ 소감 나누기

원을 만들어 앉아 바닥에 누웠을 때의 느낌을 나눈다.

〈4차시〉

4차시 목표는 '존중과 배려'이다. 나의 물리적 공간도 보호하면서 상대방의 공간 역시 존중해 주어야 한다.

◆ 몸풀기

공간을 이동하며 걷는다.

◆ 공간 만들기

나만의 공간 보호하기(물리적 공간, 마음의 공간, 정신적 공간 지키기)

준비물은 긴 끈 준비, 2명이 1조로 해서 가위 바위 보로 이긴 사람이 끈으로 나만의 공간 만들어 들어가 있고, 밖의 사람은 첫 번째는 "똑똑, 들어가도 돼요?" 하고 묻고, 안에 있는 사람은 무조건 처음엔 "네"라고 하면서 안에서 문을 열어주고 앉는 자리를 안내해 준다. 안으로 들어가 거미 게임을 한다.

두 번째는 "똑똑, 들어가도 돼요?" 하면, 이번에는 안에 있는 사람이 그때의 기분대로 YES 또는 NO로 대답한다. 그러면 밖의 사람은 존중해 주고 다른 문을 두드린다.

다했으면 안에 있는 사람한테 기분을 물어본다. 묻기만 하고 들어만 준다. 그 후 바꿔서 해본다.

◆ 몸통 움직이기

몸통을 움직이는 연습을 해보자. 등판을 1, 2, 3, 4 구역을 정해 2인 1조로 하여, 서로 한 손을 가볍게 대주고 움직여 보게 한다. 등판 번호를 차례로 바꿔 가며 움직이도록 뒷사람이 유도해 준다. 나중은 두 손으로 등 번호를 바꿔 가며 움직이도록 해본다. 한 사람이 해본 후 돌아앉아 움직인 느낌을 나눈다. 다시 역할을 바꿔 해본다.

◆ 존중과 지지하기

아기가 태어나 드러누워 하는 동작, 즉 모빌 보기, 눈 마주치기, 모빌 잡으려 하기, 뒤집기, 앉기, 서기, 걷기, 뛰기까지의 동작을 개인이 천천히 안내자의 안내에 따라 해본다. 이후 2인 1조로 짝을 지어 서로 한 사람은 엄마, 다른 한 사람은 아기가 되어, 엄마는 아기가 하는 행동을 보는 대로만 얘기해 주며 잘했다고 지지해 준다.

서로 역할을 바꿔 가며 해본다. 해본 후 소감을 간단하게 둘이 나눠 본다.

◆ 정리 춤추기

마무리 춤을 춰본다. 음악은 빠른 곡 2곡, 느린 곡 2곡, 마무리 곡으로 천천히 마무리한다.

◆ 소감 나누기

원으로 만들어 소감을 나눠 본다.

\<5차시\>

5차시 주제는 나의 겉마음과 속마음이다.

우리는 내가 나를 모를 때가 많다. 내 마음과 행동이 따로 놀고 내 행동을, 아니 내 마음을 종잡을 수 없을 때를 만난다. 우린 그런 때 당황한다. 우리의 겉마음과 진짜 내면의 속마음을 모르기 때문이다. 다시 말해 겉감정과 내면 깊숙한 속감정이 다르기 때문이다. 일상생활에서 내 감정을 숨기고 마음 아파하고 속상함을 경험한다. 그렇지만 여러 이유로 그 감정을 바로 표현하지 못하고 안으로 숨겨 둔다. 어떤 이는 남한테 들킬까 봐 꼭꼭 숨긴 뒤 자물쇠로 잠가 놓고 수년을, 아니 수십 년을 보내다, 그것이 화병, 울화병이 되어 살아가는 사람들을 목격하게 된다. 이것을 끄집어내 밖에서 놀게 해야 한다.

◆ 몸풀기

오늘은 내가 하고픈 대로 움직인다. 그 어떤 것이든 상관없다. 내 마음이 가는 곳으로 따라간다. 걷든 뛰든, 아니면 눕든, 소리를 지르든 해본다. 남 눈치 보지 말고 그냥 질러 본다. 그냥 해본다.

◆ 등으로 만나기

2인 1조로 등을 서로 마주 대고 천천히 왼쪽, 오른쪽, 좌우로 움직이기, 머리를 대고 앞뒤로 숙일 수 있는 만큼 움직이기, 등을 서로 여러 부분 맞대며 하기, 등으로 손뼉 치듯이 두드리기.

◆ 2인 1조로 춤추기

2인 1조로 한 손으로 춤추기, 교대로 한 손으로 하고, 나중엔 두 손으로 춤추기, 2인 1조로 두 발로 춤추기, 번갈아 가며 나중엔 두 손 두 발로 춤추기, 경쾌한 음악이 흐르면 혼자 혹은 둘씩 춘다.

◆ 단어 연상

오늘은 한 단어를 떠올려 본다. 예를 들어 '기다림'이란 단어를 연상해 본다. 아름다움, 희망을 교차해 가며 혼자서 춤을 춘 후(약 10분), 크레파스와 8절지 도화지로 느낌을 그림으로 그려 본다. 그 후 그림을 가지고 둘씩 서로 소감을 나눠 본다. 그때 들어만 준다.

◆ 소감 나누기

원으로 만나 간단히 오늘 소감을 나눠 본다.

〈6차시〉

오늘의 주제는 관계 속에 피어나는 아름다움이다.

키르케고르(Søren Aabye Kierkegaard)는 "자기는 자기 자신과 관계하는 관계이며, 또는 그 관계 안에서 자기 자신과 관계하는 관계이다."라고 했다. 우리는 지구상에 관계하러 왔다. 산다는 것이 어찌 보면 관계하다가 죽는 것 같다. 태어나면서 부모님과 형제를 만나고, 학교에 가서는 친구, 선생님, 직장에 가서는 동료, 상사를 만나면서, 도움받고 때로는 상처받으며 살고 있는 것이다. 그래서 내가 성장하면서 누구를 만나고 어떤 것과 관계해 가며 사느냐에 따라 내 삶이 결정된다. 필자도 뒤늦게 춤을 만나 나의 또 다른 삶, 다양한 삶, 더 흥분되고 변화된 삶을 사는 복을 누리고 있다.

◆ 몸풀기

오늘은 여기 공간을 충분히 활용하면서 그동안 못 보고 제대로 만나 주지 못한 모든 동료를 포함하여 사물, 안 해본 동작, 움직임을 해보도록 하면서 각자 몸을 푼다.

◆ 공하고 친구하기

2인 1조로 소프트한 공으로 한 사람은 엎드리고 다른 한 사람은 어깨, 등을 공으로 마사지하듯 부드럽게 해주기. 이때 너무 과하지 않게 천천히, 기공하듯이 하지 말고, 공을 뗄 때는 아주 천천히 뗀다. 역할 바꿔서 한다.

◆ 고리 만들기

한 사람이 먼저 중심을 잡으면 그다음으로 한 사람, 한 사람씩 움직여 서로 연결하여 고리를 만들어 간다. 다되면 역순으로 고리를 푼다.

◆ 춤추기

음악이 흐르면 리듬에 맞춰 빠른 템포, 느린 템포 등 곡에 내
몸을 맡긴다.

◆ 소감 나누기

<7차시>

7차시 주제는 '나는 자유인'이다. 태어날 때부터 우리는 자유로운 영혼이었다. 그런데 살면서 누가 지시하지도 시키지도 않았지만, 여러 굴레에 얽혀 부자유한 삶을 스스로 자기도 모르게 살고 있다. 이제는 무지로부터 해방되어 참 자유를 누리며 살아야 하지 않을까?

◆ **몸풀기**

2인 1조로 마주 서서 손을 잡고, 한 사람이 먼저 고관절, 다리를 들어 올리며 푼다.

◆ **척추 마사지**

2인 1조로 한 사람은 엎드리고 다른 사람은 검지로 척추를 따라가며 누른다. 척추 옆을 두 손으로 따라 내려가며 눌러 준다. 올라오며 마사지한다. 척추를 이용하여 혼자서 앞으로 굽히기, 옆으로, 아래, 위로 등 척추를 움직여 본다. 이어서 연결 동작으로 척추를 움직여 본다.

◆ **바람의 춤**

한 줄로 나란히 세운 후, 바람의 강도를 1~10까지 움직임의
크기를 정하여 시범을 보인 후 따라 하게 한다. 가면서 움직임
의 크기를 확장해 가다 끝에서는 최고도로 움직인다. 반대로
10~1의 크기로 줄여가며 해본다.

- 빠른 음악을 틀고 몸을 움직여 보게 한다. 2~3곡 정도.
- 느린 음악을 틀고 천천히 몸을 느껴 가며 움직여 본다.
  2~3곡 정도.

◆ 자원 찾기

A4용지를 볼펜과 함께 나눠주고 자원(Resorce)을 찾도록 해 본다. 그때의 몸의 느낌이나 정서를 적어 보게 한다. 적은 것 중에서 한두 가지로 자신의 몸의 느낌이나 기분을 표현해 보고, 또한 움직임으로 나타낸다.

◆ 마무리

천천히 마무리하도록 한다.

나. 학교폭력의 실상과 폭력예방 프로그램

학교폭력은 다른 범죄와 달리 은밀하게 이루어지기보다는, 반 아이들 전체가 지켜보는 곳에서 일어나는 것이 특징이다. 가해자가 다른 아이들의 감탄을 자아내고, 교실의 위계질서를 만들고 유지하기 위한 전략이 바로 신체적 공격이나 놀림, 욕설 등으로 나타나기 때문이다. 따라서 가해자, 피해자 외에 방관자가 있기 마련이다. 문제는 방관자의 종류가 아주 다양하다는 것이다. 그 방관자가 어떤 역할을 하는지 이해하지 못하고는 문제를 해결하기 어렵다. 따라서 다양한 방관자의 모습을 먼저 파악하는 것이 중요하다. 방관자에는 조력자, 소극적 조력자, 방관자, 소극적 방어자가 있다.

괴롭힘을 주도하는 가해자에는 가해자와 동조자가 있다. 피해자를 제외한 모두가 괴롭힘 상황을 유지하는 데 책임이 있다. 즉 방관자는 가해자이다.

폭력예방 프로그램은 각각의 학생들이 집단을 인식하고 수용될 수 있는 마음가짐과 움직임, 언어적인 준비 단계를 거쳐 구조화된 움직임을 기초로 한다. 거기에 사회성, 신체 이미지,

에너지 조절, 주의력 등에 대한 이슈를 다룬다. 촉진자는 준비 단계를 거쳐 더 창의적이고 드라마틱한 표현의 경험을 연출하는 것을 돕고 지지해 준다.

움직임의 시작은 강함을 표현하는 즐겁고 안전한 방법으로 진행하고, 학생들에게 서로의 격렬함을 조화시키며 리더와 추종자의 역할을 경험하도록 한다. 움직임 경험을 통해 학생들의 공격성을 정화시켜 주고, 적절한 자기주장도 필요하며 다른 상대를 보고 지지해 줄 수 있는 프로그램의 구성이면 더욱 좋다. 폭력예방에서는 사전행동 능력, 분노조절 능력, 다른 학생을 해하지 않고 자신의 욕구를 충족시키는 능력, 서로의 경계를 존중하면서도 함께 움직이는 신체적인 경험을 길러 줘 학생들이 다른 상대와 즐겁고 평화롭게 지내는 방법을 학습하도록 해야 한다.

학교폭력에서는 가해자가 미성숙한 학생이기 때문에, 본인이 저지른 폭력이 피해자에게 얼마만큼의 상처와 절망을 주는지 잘 인식하지 못한다. 따라서 그 상황의 재연을 통해 역지사지

의 마음으로 간접적으로라도 체험해 볼 수 있다. 그런 방법의
하나가 '절망의 원'과 '인간 지옥'을 만들고 폭력 상황을 간접 경
험해 보는 것이다. 그리고 그때의 감정 상태, 느낌 등을 공유한
다. 더 나아가 보살핌의 원 만들기, 회복의 회복의 원 등 공간
만들기를 통해 피해자의 마음을 어루만지고 상처를 보듬어 주
는 작업이 필요하다.

폭력예방 교육 프로그램의 과정을 8회기로 구성했다.

차시	주제	중심 내용
1	몸 깨기 - 몸 인식하기 - 몸의 감각 깨우기 - 신체이완 - 움직임 확장시키기 나의 공간, 너의 공간, 우리들의 공간	·풍선놀이(친밀감) ·신체이완 활동
2		·신체인식, 신체이완을 부드러운 곡선으로 움직임 확장 ·신체이완, 공간인식
3	마음 알아차리기 - 몸의 감각 느끼기 - 몸으로 대화하기 - 자신의 움직임 탐색 - 나 이해하기	·다양한 움직임으로 확장
4		·몸으로 마음 표현 ·들리는 소리를 듣고 그 느낌을 움직임으로 표현하기 ·소리의 느낌 따라 움직임을 조절하기 ·리더십 경험하기 ·내 안의 능동성/수동성 탐색하기
5	마음 표현하기 -손, 발로 이야기하기 -소리랑 친구 되어 춤추기 -빈 의자 기법(풍선 이용)	·천을 이용하여 부드러운 곡선의 움직임과 강하고 직선적인 움직임으로 표현해 보기
6		·풍선을 이용하여 여러 움직임을 해보기 -2인 1조로 풍선 마사지 -빈 의자를 이용한 내 마음 표현하기 -분노의 힘을 에너지로 전환하기
7	몸으로 표현하기 -천을 이용한 움직임 -나는 오늘 리더!	·서로 다른 움직임을 경험하고, 어떤 움직임이 자신에게 편하고 익숙한지 탐색하기 ·나와 다른 친구를 이해한다. ·자신의 꿈을 이루는 데 방해가 되는 것들을 제거함으로써 자신감과 용기를 얻는다.
8	네 개의 움직임 -우리 한번 만들어 보자!	·움직임 확장 ·친구와의 관계성 탐색 및 친밀감 형성

다. 노년기를 건강하게 사는 사람들

학자마다 차이는 있지만 대체적으로 65세부터 노년기로 본다. 노년 초기(65~74세), 노년 중기(75~84세), 노년 후기(85세 이상)로 구분한다. 특히 현대사회는 노년 후기에 속하는 85세 이상의 노인이 급격하게 증가하는 추세이다. 우리나라도 총인구 중에 65세 이상의 인구가 차지하는 비율이 2000년에 7.2%로 고령화 사회에 들어섰고, 2017년에는 14%로 고령사회에 진입했다. 이 추세로 가면 2025년에는 20%를 넘어 초고령사회에 진입하고, 2050년에는 세계 최고령국가가 될 것이란 전망이 나왔다. 한국은 고령사회에 진입함으로써 다양한 노인 문제가 대두되는 현실에 직면하고 있다.

현재 우리 사회는 노인 인구 급증에도 불구하고 노인 문제를 해결할 만한 노인 복지정책 및 사회복지 제도가 잘 정비되어 있지 못한 상태이다. 또한 노인의 의식과 행동에 따른 적절한 노인 문화도 형성되지 못하고 있는 실정이다.

또한 사회적 가치관과 전통적 윤리관의 변화로 사회에서 존경과 보호를 받으며 건강하고 안정된 노후 생활을 유지할 수 있

어야 함에도 불구하고, 노인의 역할과 지위는 축소 또는 상실
되었다. 노인부양 문제, 건강 문제, 경제적 빈곤과 여가활동 문
제 및 고독감과 소외감을 안고 살아가고 있다.

특히 노년기에는 여러 가지 상실을 경험하게 된다. 신체적 질
병, 사회적 지위와 역할의 상실, 경제적 능력의 저하, 가까운 사
람의 사망 등과 같은 다양한 상실 경험을 하게 된다. 그러므로
노년기에는 정신장애 중에서 가장 흔한 우울증이 나타날 가능
성이 높다. 우울증의 주요 증상은 우울과 슬픔, 자기 가치성의
상실, 의욕 및 동기 저하, 피로감, 수면장애, 인지능력의 저하 등
으로 나타난다. 치매 초기에 흥미 상실, 의욕 저하, 초조, 지체
등이 나타나서 우울증으로 오인되기도 하고, 반대로 우울증 환
자들이 인지기능의 손상을 호소하여 치매로 오인되기도 한다.
우울증 환자들에게서 나타나는 일시적인 인지기능의 손상을
일컬어 가성 치매(pseudo-dementia)라고 부른다. 가성 치매의
경우 우울증이 사라지면 인지기능이 호전된다. 노년기는 인생
의 다른 어떤 시기보다 신체적 질병에 취약한 시기이다. 따라서
노년기의 신체적 질병은 우울증과 밀접한 관련이 있다.

따라서 노인들의 삶의 질을 향상하기 위한 프로그램을 편성할 필요가 있다. 노인들의 상실감을 다루어 주고, 현실적인 갈등을 해결할 수 있도록 도우며, 따뜻한 마음으로 배려하는 한편, 지지적인 관계 형성을 적극 도와주는 프로그램이 필요하다. 이에 안성맞춤인 노인들을 위한 춤동작 프로그램을 만들어 노인 문화에 변화를 주며, 다양한 활동으로 고독감과 소외감을 해소하고, 더 여유롭고 건강한 노후를 준비하도록 해야 할 것이다.

노인들을 위한 프로그램 과정은 10회기로 구성했다.

〈프로그램 운영 방식 - 총 10회기로 구성〉

1. 몸 인식하기(2회) : 자기 신체인식

2. 몸 알아 가기(3회) : 감정과 정서 표현

3. 몸 표현하기(3회) : 자아 표현

4. 몸 나누기(2회) : 통합을 통한 창조성 개발

차시	주제	중심 내용
1	몸 인식하기 -친밀감과 신뢰감 형성	-풍선으로 몸 마사지 -털기, 뻗고 차기를 통해서 춤동작으로 확장해 가기
2		-소프트 공놀이 -명상으로 신체감각 느껴 보기 -신체 그림에 아픈 곳 표시하기
3	몸 알아가기 -감정과 정서 표현 -반복된 움직임 알아가기 -움직임을 통해 정서 표현	-부드러운 동작 연습(천을 이용) -발동작 연습 -발동작에 맞춰서 춤추기
4		-강한 움직임 표현 -번호판 누르기 -마라카스로 춤추기 -소리 내며 춤추기 -등을 대고 상대와 대화 -느낌을 글로 쓰기, 한 단어로 표현하기
5		-움직임을 하면서 이미지 연상. 이어서 연상해 보기 -일상의 움직임 확장하기 -뻑뻑 놀이(터뜨리기, 패션쇼)
6	몸 표현하기 -여러 감정을 움직임으로 표현. -긍정적, 부정적 감정 -조절능력 향상.	-잘하는 것, 서툰 것 떠올리기 -그때의 느낌을 동작과 그림으로 표현 -척추 만져 주며 사랑하기 -사랑의 샤워(이름 부르기)
7		-중심과 말단 연결하는 움직임 하기(호흡과 함께) -부모, 아이가 되어 동작과 움직임으로 표현 -부모 동작 표현해 보고 글로 써보기.
8		-나무의 일생을 춤으로 표현
9	몸 나누기 -통합을 통한 창조성 개발	-자기 중심 지키며 호흡하기 -상대와 미러링하며 춤추기 -가까이, 멀리 다가가며 춤추기 -조각춤 추기
10		-천으로 함께 나누는 춤추기 -천을 이용한 탄생 경험하기 -남은 삶을 천으로 표현하기 -몸기도 -소감 나누기

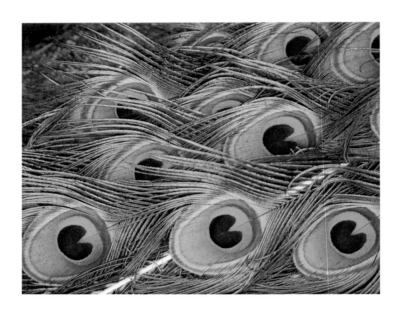

라. 정신병동의 사람들

정신분열증의 가장 대표적인 증상은 망상(delusion)이다. 망상은 자신과 세상에 대한 잘못된 강한 믿음이다. 외부세계에 대한 잘못된 추론에 근거한 그릇된 신념으로서, 분명한 반증에도 불구하고 견고하게 지속되는 신념을 말한다. 망상은 피해망상, 과대망상, 관계망상, 애정망상, 신체망상 등으로 구분된다. 피해망상은 누군가가 자신을 미행하며 피해를 주고 있다는 믿음을 말한다. 과대망상은 자기가 재림예수니 천재니 하는 망상, 관계망상은 일상의 일들이 자신과 관련되어 있다는 믿음이다. TV나 라디오 뉴스 등이 자신과 관련되어 있다는 믿음이다. 애정망상은 유명한 연예인과 사랑하는 관계라는 망상, 신체망상은 자신의 몸에 심각한 질병이나 증상이 있다는 믿음이다. 이러한 망상의 내용은 대부분 매우 엉뚱하거나 기괴하여 일반인이 이해하기 매우 어렵다.

정신분열증의 또 다른 핵심적 증상은 환각(hallucination)으로서, 현저하게 왜곡된 비현실적 지각을 말한다. 즉 외부 자극에 대해서 현저하게 왜곡된 지각을 말하는 경우로 환청, 환시, 환

후, 환촉, 환미로 구분된다.

또한 정신분열증 환자들은 '긴장성 운동 행동'을 나타낸다. 이는 나이 많은 사람에게 반말을 하거나, 계절에 맞지 않는 옷을 입거나, 근육이 굳은 것처럼 어떤 특정한 자세를 유지한다. 예를 들어 기괴한 자세로 몇 시간씩 꼼짝하지 않고 있는 모습 등을 말한다.

최근에는 정신분열증 환자들을 양성 증상과 음성 증상으로 나누기도 한다. 양성 증상은 정상인들에게는 나타나지 않지만 정신분열증 환자에게서는 나타나는 증상을 뜻한다. 망상, 환각, 와해된 언어나 행동이 이에 속한다. 반면 음성 증상은 정상인들이 나타내는 적응적 기능이 결여된 상태를 말한다. 정서적 둔마, 언어의 빈곤, 의욕 저하 등이 해당된다. 양성 증상은 뇌의 과도한 도파민 수준에 의해 발생하는 것으로서, 약물치료에 의해 쉽게 호전된다. 이런 증상을 나타내는 사람은 지적 손상이 적으며, 경과가 상대적으로 좋은 편이다. 반면 음성 증상은 외부 사건과 무관하게 서서히 발전하여 악화된다. 뇌의 구조적 변화나 유전적 소인과 관련된 것으로 알려져 있다. 음성 증상은 항정신병 약물로 잘 치료되지 않으며, 지적 기능이 현저하게 저하되고, 경과도 나쁜 편이다. 만성 정신분열증 환자들은 음성 증상을 많이 나타낸다. 양성 증상을 나타냈던 사람들도 적절한 치료를 받지 못하면 악화되어 음성 증상이 주된 증상을 이루게 된다.

정신분열증의 원인으로는 첫째, 생물학적 요인을 든다. 뇌의 장애로 규정하고 유전적 요인, 뇌의 구조적 또는 기능적 결함, 신경전달 물질의 이상 등의 관련성을 밝히는 연구가 진행되고 있다. 정신분열증은 유전적 요인이 강력한 영향을 미치는 것으로 알려져 있다. 둘째, 심리적 요인으로 '주의장애'에 초점을 둔다. 주의(attention)는 인간이 지적 기능의 수행을 위해 정보를 선택하고 처리하는 데 필수적인 기능이다. 인지 관련 학자들은 정신분열증이 기본적으로 사고장애인데, 사고장애는 주의집중 손상에 기인한다고 주장하고 있다. 셋째, 가족관계 및 사회 환경적 요인으로, 어머니의 부적절한 양육태도에 의해 유발될 수 있다는 주장이다. 그러나 필연적 관계는 증명되지 않았다.

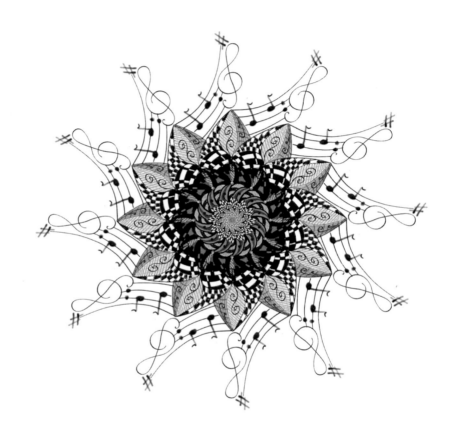

이상에서 살펴보았듯이, 정신분열증은 치료가 쉽지 않다. 치료 방법으로는 입원하여 항정신성 약물을 투입하는 방법이 있다. 약물 부작용 또한 간과할 수 없지만, 어느 정도 호전시킬 수는 있다. 그리고 뇌에 짧은 시간 동안 적당한 전기충격을 가하는 치료법이 있으나 잘 사용되지는 않는다. 정신분열증 환자의 근본적인 치료와 사회 재적응을 위해서는 심리치료가 필수적이라 할 수 있다. 심리치료는 '의미 있는 관계를 형성'하게 하여, 이런 관계 속에서 갈등과 불안을 스스로 해결하고 방어하도록 돕는다. 또한 촉진자와의 건강한 관계 속에서 진정한 대상관계를 재경험하도록 한다.

정신분열증 환자들이 사회 적응에 가장 어려움을 겪는 이유는 사회성 내지 관계 기술이 부족하여 타인에게 혐오스러운 인상을 주어 거부당하는 경우가 많다는 점이다. 따라서 사회 적응 훈련을 통해 다양한 사회 현상에 대처하는 기술을 가르치고, 불안을 극복할 수 있는 방법을 터득하게 하며, 타인과의 상호 작용을 원만히 하도록 주위에서 적극적인 도움을 주어야 한

다. 따라서 정신병동 사람들에게 '춤·명상을 통한 통합표현예술
심리치유' 프로그램을 경험하도록 하여, 건강한 사회를 만들어
가는 데 중요한 역할을 할 것으로 기대한다.

'정신병동 환자들을 위한 프로그램' 교육 과정안 10회기 구성 내용

차시	주제	중심 내용
1	신체감각 깨우기 1 -친밀감 형성	• 프로그램 및 참가자 소개 　-별칭 짓기 　-워밍업 • 신체 각 부분 움직여 보기 　-리듬을 이용한 그룹 활동 • 신체인식 　-호흡 느끼기 　-긴장과 이완 • 공 마사지 및 느낌 나누기
2	신체감각 깨우기 2 -친밀감 형성 -자신의 몸 통제 　하기	• 친밀감 형성 　-그룹 움직임 활성화(속도, 크기, 방향, 무게감 등 변화 주기) • 다양하게 움직이기 　-털기, 돌리기, 뻗기, 두드리기, 흔들기
3	신체인식 1 -손, 얼굴, 척추 -신체적 방어 　완화시키기	• 활동 내용 소개 　-주제와 목표 나누기 • 워밍업 • 신체인식 　-몸 이야기 나누기 (몸의 느낌, 경험, 생각…) 　-나의 몸(손, 얼굴, 척추) 움직임으로 표현하며 몸과 　　대화하기 　-나와 반대되는 몸 움직임으로 표현하기 　-원하는 나의 몸 움직임으로 표현하기 • 느낌 나누기
4	신체인식 2 -가슴, 골반, 발	• 활동 내용 소개 　-주제와 목표 나누기 • 워밍업 　-신체 이미지(가슴, 골반, 발) 떠올리기 　-자화상 그리기 • 느낌 나누기
5	마음 표현하기 1 -감정 표현	• 활동 내용 소개 　-주제와 목표 나누기 • 워밍업 • 마라카스 4박자 움직임 • 소리내기 • 동물 움직임 　-자기와 닮은 동물 되어 보기 　-자기와 반대되는 동물 되어 보기 　-되어 보고 싶은 동물 되어 보기 • 느낌 나누기(감정 카드)

6	마음 표현하기 2 -감정 조절	• 활동 내용 소개 　-주제와 목표 나누기 • 워밍업 　-움직임 레벨에 따라 움직이기 • 내면의 감각 알아차리기 　-밀고, 당기기, 그라운딩, 중력 • go/stop, run/stop • 느낌 나누기
7	마음 표현하기 3 -자기주장	• 활동 내용 소개 　-주제와 목표 나누기 • 워밍업 　-움직임 레벨에 따라 움직이기 • 즉흥 움직임 　-YES/NO(목소리로 존재감 표현하기) 　-소리 높낮이에 따라 동작하기 　-지브리쉬 어로 말하기 • 느낌 나누기
8	마음 나누기 1 -공간인식	• 활동 내용 소개 　-주제와 목표 나누기 　-공간인식의 필요성과 중요성 이해 • 워밍업 움직임 • 내 공간 인식하기 　-내 공간이란? 　-안전한 공간 만들고 선포하기 　-사회적 거리 인식과 존중하기 　-타인의 공간 존중하기: 　　자기 공간 초대하기와 타인 공간 허락 받기 • 느낌 나누기
9	마음 나누기 2 -공감	• 활동 내용 소개 　-주제와 목표 나누기 • 워밍업 　-파도 전달하기, 천 놀이 • 미러링 • 고리 만들기 • 움직임으로 대화하기 • 느낌 나누기
10	마음 나누기 3 -관계 맺기	• 활동 내용 소개 　-주제와 목표 나누기 • 워밍업 • 삶의 3가지 움직임 연습 　(멈춤, 혼자 움직임, 관계 움직임) • 창조적인 삶으로 태어나기 • 느낌 나누기

7

창조적 연결과
통합표현예술의 적용

가. 명상을 통한 자기 발견 – 통합인으로 가는 길

명상은 굳고 경직된 몸과 마음에 자연스러움과 부드러움을 되찾게 해주며, 자기 안에 숨어 있는 신체적 리듬과 호흡을 되찾게 해준다. 또한, 명상은 사랑을 배우는 기술 중의 기술이다. 들숨과 날숨을 그대로 지켜보며, 내 안에는 바깥보다 더 크고 놀랍고 깊은 세계가 있음을 호흡을 통해 볼 수 있다. 많은 사람들이 이 눈을 거의 사용해 본 적이 없어 거의 퇴화되고 실명되었다. 하지만 다시 사용한다면, 자기 내면 세상을 볼 수 있을 것이다. 그것이 명상이다.

명상은 감각을 통하여 바깥으로 달려가고 있는 그대의 습관을 깨뜨리기 위해서, 즉 마음을 통제하기 위해서 절대적으로 필요하다. 바깥으로 치닫고 있는 마음의 습성을 명상으로 다스릴 수 있다. 명상은 요가식이 아니라, 노력이 없는 명상이어야 한다. 요가식의 명상은 그대에게 어쩌면 몸에 대한 의식을 더욱 일어나게 만들 것이다. 노력이 없는 명상이란 마음으로 하여금 자신의 근원을 관찰하게 하는 자유를 향한 명상을 말한다. 즉 칼 로저스가 말한, 심리적 자유가 있는 완전한 자유를 의미하는 명상이다.

통합표현예술은 상징과 은유를 통해 표현되는 이상적인 수단이므로, 그 어떤 표현도 자유로울 수 있다. 자유를 위해서는 아무런 시간이 들지 않는다. 이 탐구를 통해 바깥으로 향하려는 마음의 모든 경향성을 붙잡고 그냥 '나'의 근원을 관찰한다. 있는 그대로 나를 나대로 내버려두는 것이다. 그저 호흡을 알아차리는 것뿐 나중은 그마저도 잊어버리는 것이다. 통합인으로 가는 길에 명상은 필수이다. 나의 존재를 알아차리고, 나로 살면서, 나를 초월하여 더 큰 나로 성장하기 위한 춤·명상은 통합인으로 성장해 가는 데 훌륭한 도구임에 틀림없다.

침묵과 명상

침묵하는 법을 배워라!
온 세상을 마셔라!
온 우주를 품어라!

하루에도 수만 가지 생각 조각의
소용돌이에 휩싸여 돌지만

창조적인 자신의 본성을 발견하려거든
늘 조용히 침묵하면서,
생각과 생각 사이
작은 빛으로 나오는
참 자유를 만나세요.

생각과 생각 사이
고요한 비움 안에서의 은밀한 밀어
그냥 있음으로 만난 존재여!
완전한 평화로움을

혼돈이 사라지고
안내자만 있을 뿐.
매일매일 춤으로
행복감과 에너지가 넘치고
관계도 원만해지니
내 안의 신이 춤추네.

침묵하십시오!
내 안의 우주를 경험하고 싶다면,
당신은 수많은 만물상에 둘러싸여 있을지라도,
당신은 볼 수 있으리
우주 중심의 가온 자리에
우뚝 서 있는 당신을

-산빛 김의일-

나. 시각예술, 음악, 글쓰기를 활용한 창조성 발견

어린 시절 우리 모두는 캐묻기 좋아하며 탐색해 보고 싶어 했다. 위험한 줄도 모르고 그저 나무에 오르며 놀다 혼난 일, 밀가루로 방안을 난장판으로 만들었던 일, 처마 밑에서 위험한 줄도 모르고 성냥불을 그어 대던 일, 얼음판에서 미끄럼 타다 얼음이 깨져 옷을 적셔 모닥불에 양말을 말리던 일 등, 어릴 적 호기심 많던 시절을 떠올리며 때론 쓴웃음을 지어 보았을 것이다.

그런데 그때의 모험심과 호기심 많고 남 눈치 안 보고, 그저 궁금한 것은 창피한 줄 모르고 질문을 잘하던 나는 지금 뭣이 그리 주눅 들어 남 앞에서 함부로 말 한 마디 못 하는 나로 만들어 놨을까?

지금 이 순간 춤추기, 그림 그리기, 노래하기, 글쓰기에서 손을 놓은 사람이라면, 어린 시절 가졌던 자유에 대한 그리움과 자유분방함을 다시 만나야 한다. 우린 어느 순간 잃어버린, 아니 누군가에 의해 강탈당한 창조성을 다시 회복해야 한다. 내 안에 꼭꼭 숨겨진 나의 창조적 지성을 찾아내 자유롭게 놀게 해야 한다. 그러기 위해 표현예술을 통해 창조적인 사람이 되지 못하게 막았던 장벽들을 하나하나 제거해야 한다.

그 후 어떤 평가도 받지 않는 상황에서 춤추기, 그림 그리기, 노래하기, 글쓰기 등을 하다 보면, 우리 자신의 비평가, 또는 인정받고 싶은 욕구나 실패에 대한 두려움 등이 사라질 수 있다. 그래서 내가 지금 있는 이곳 안전하고 지지받는 인간중심적인 환경 속에서 무조건적인 존중과 공감을 받다 보면, 그동안 신경 쓰고 걱정했던 것들과 자기비판과 자기평가는 사라지고, 즐겁게 놀이하는 기분으로 창작 활동을 하게 된다. 그렇게 하다 보면 그 순간을 즐기게 되고, 결과물에 지나치게 신경 쓸 일이 줄어들어 진지해질 필요가 없어져서 나는 자유스러운 영혼을 갖게 되는 것이다. 그 자유로운 영혼은 그동안 막혔던 창조성을 발현시키고, 나의 무한한 잠재력을 발견하게 되어 재밌고 신명 난 삶을 살게 되는 것이다.

다. 창조적 연결로 나를 표현하기

나는 착한(good) 사람이 되기보다는
온전한(whole) 사람이 되고 싶다는
칼 융의 말을 참 좋아합니다.

햇빛이 진할수록 그림자가 진하다고
모든 사람에게는 그림자가 있기 마련입니다.
그 그림자까지 사랑하는 것이 진정한 사랑입니다.

빛만이 아닌 어둠을
선함만이 아닌 악함을
아름다움만이 아닌 추함을
진보만이 아닌 보수를
성공만이 아닌 실패까지를
사는 온전한 삶,
우리가 추구하는 삶의 예술입니다.

그가 믿는 십자가의 도는

좌와 우가

위와 아래가 만나는

서로 연결되는 온전한 삶입니다.

-하비람-

창조적 연결(The Creative Connection)로 나를 표현하기는 표현의 여러 도구들인 미술, 음악, 소리, 글쓰기, 무용 등이 서로 어울려 상호 작용하며 진정한 나를 표현하는 것을 말한다. 예를 들어 동작을 하고 그림을 그린 후에 글쓰기를 하면 자유로운 연상이 일어나서 작사가 되어 시로 태어나고, 리듬을 붙여 곡이 된다. 이렇듯 창조적 연결 과정은 자기 탐색을 촉진하고, 깊은 자기 이해와 자신의 내적 원천과 연결되고, 나아가 세계와 우주로 뻗어 나간다. 따라서 우리는 서로가 서로에 연결되는, 극과 극이 만나 새로움을 창조하는 연결된 삶을 살 때, 나를 제대로 표현하며 창조적으로 살아갈 수 있다.

그림 2

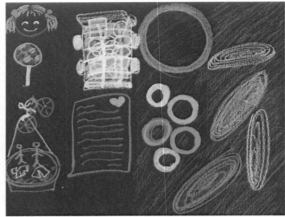

그림 3

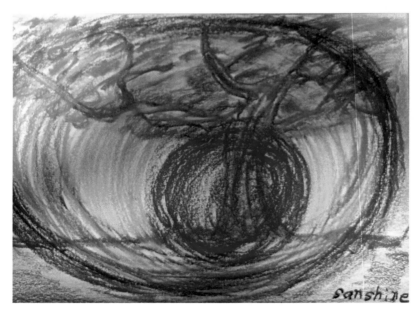

그림 4

라. 통합표현예술의 치유력

통합표현예술의 치유력은 움직임, 동작, 색채로 표현하기, 그리기, 음악, 소리로 나타내기, 글쓰기, 드라마, 연극, 무용, 푸드 아트 등을 그때그때 적재적소 적시에 2~4가지 정도를 통합하여 자기 내면의 움직임을 따라 표현할 때 나오는 치유의 에너지를 말한다. 내담자들은 생각이나 대화를 통해서 할 때의 부담스러움보다는, 표현 놀이를 통해서 할 때 훨씬 쉽고 편함을 느끼는 편이다. 스스로 본인이 만들어 놓은 철옹성 같은 내면의 장벽도 동작과 춤을 통해서 움직임과 노래로, 그림과 시로 부숴 버릴 수 있는 내적 치유의 힘이 통합예술로 만들어지는 것이다.

그 예로 춤명상을 하면서 내담자들이 그때의 느낌과 정서를 표현한 [그림2]는 내면의 상처를 딛고 일어서려는 의지의 표현이 느껴지는 작품이다. [그림3]은 어린 시절부터 어른이 되기까지의 과정을 담담하게 표현한 느낌이고, [그림4]는 자신을 둘러싼 주변이 결코 녹녹하지 않은 혼란스러움이 웬지 그림에 나타난듯 하다. [그림5]는 [그림4]의 감정에서 벗어나 방향성을 찾은 내면의 모습을 볼 수 있는 것 같다. 이처럼 통합표현예술치료는 [그림 2], [그림 3], [그림 4], [그림 5] 그림에서 보듯이 내담자들이 말이나 언어로 표현 안 되는 자기 내면의 마음상태와 의식을 그림으로도 표현할 수 있음을 알 수 있다.

그동안 우리 몸속에 축적되어 우리를 힘들게 했던 것들, 예를 들면 자신감 결여, 낮은 자존감, 실패에 대한 두려움, 불안, 남 눈치 보기, 남과의 비교평가, 내부 비판자의 가혹한 판단 등, 우리를 꼼짝달싹 못 하게 보이지 않는 감옥소에 가두었던 것들을 제거해야 한다. 이제 그런 방해꾼을 물리칠 치유의 힘이 우리에게 생겼다. 즉 안전하게 나를 칭찬하고 지지해 주는 장소에서 누구의 가혹한 판단 비평도 없고, 내가 나를 있는 그대로 인정하니, 그 어떤 표현도 그저 즐겁게 놀이처럼 즐기면 되는 것이다. 그렇게 놀다 보면 걱정 근심 두려움이 사라지니, 내 몸과 마음은 새털처럼 가벼워지고, 내 안의 창조성은 불을 뿜듯 활활 타오른다. 모든 것들이 하나로 연결되어 더욱 내적인 힘과 찬란한 빛을 발휘하게 된다.

그림 5

마. 영성과 인간 의식 스펙트럼

융(Jung)에게 영적인 기능은 신체적·정서적·인지적 기능과 동일한 의미가 있고, 영적 조망은 없어서는 안 되는 필수적인 것이었다. 왜냐하면 지적·도덕적 통찰만으로는 인간의 딜레마를 설명하는 데 충분하지 않기 때문이다. 인간은 심리성적·심리사회적·심리영적인 존재라고 했다. 또한 예수는 사람은 반드시 거듭나야 한다고 했다. 그 말은 깨어나야 한다는 말이다. 위인 소크라테스도 깨닫지 못한 삶은 살 가치가 없다고 했다. 진리란 결코 말로 표현되는 것이 아니다, 어떤 확실한 태도의 결과로서 갑자기 발견되는 것이다. 진리는 설명할 수도 없는 것이다.

영성은 지식으로는 배울 수 없는 한계가 있으며, 각성(覺醒)으로 깨달음을 경험하는 세계라고 할 수 있다. 영성은 어려운 것이 아닌, 사실을 있는 그대로 보는 혜안이고 깨어남이다. 그렇게 될 때 '삶은 사랑이고, 그 사랑이 영원함'을 깨닫게 되는 것이다.

위대한 스승들이 늘 똑같이 묻는 물음 중의 하나는 '나는 누구인가'이다. 그것은 '나'를 알지 못하고는 어떤 정보나 지식도

무용지물이기 때문이다. '나'가 나의 생각이 아니다. 생각이란 오고 간다. 나의 몸도 아니다. 매분 우리 몸은 수백만 개의 세포들이 달라지거나 새로워진다. 그래서 7년쯤 지나면 그전에 살아 있던 세포는 하나도 남아 있지 않다. 그러니 '나'라는 것도 정말 계속 변하여, 실제 내 '몸'이 내가 아니다. 더구나 행복은 남에게 있지 않다. 행복은 나에게 있다. 네가 나를 떠나려 해도, 나 때문에 슬퍼하지는 않는 것이다. 너와 함께 있기를 한없이 즐기지만, 너에게 달라붙지는 않는다. 내가 집착이 없는 바탕에서 그것을 즐기는 것이다.

성경에도 "너의 고향과 친척과 아버지의 집을 떠나 내가 네게 보여줄 땅으로 가라."라고 했다. 바로 떠나라는 것이다. 즉 "모든 것을 떨쳐 버려야 한다. 다시 말해 버려야 한다." 환상을 버릴 때 마침내 현실과 접촉하게 되고, 다시는 외롭지 않게 될 것이다. 고독은 다른 사람과 같이 있어서 치유되는 것이 아니라, 현실과 접촉함으로써 치유되는 것이다. 집착을 떨쳐 버릴 때, 의존을 떨쳐 버릴 때, 고독이 무엇인지 알 수 있다.

사람들과 함께 있다고 고독이 사라지는 것은 아니다. 기분 전환에나 도움될 뿐, 내면에는 공허가 있다. 그 공허가 표출될 때 사람들은 텔레비전이나 라디오를 켜고, 술에 취하고, 책을 읽고, 다른 동반자, 또는 오락이나 기분 거리를 찾을 것이다.

또한 성공이라고 하는 것은 우리의 어리석은 사회가 결정한다. 이 사회의 심각한 편견과 병든 사회가 지속적으로 더욱 병든 사회를 만들어 가고, 우리는 그것에 속한다. 성공은 우리가 깨어나는 것, 지금까지의 딱지들을 떼어내고 나답게 살 수 있는 것, 진정한 나를 알아차리는 것, 그래서 그 무엇이 나를 어찌할 수 없도록 만들어서 좌로도 우로도 치우치지 않고, 그런 생각이나 감정들의 노예로 살지 않는 것, 즉 깨어나는 것이다. 깨달음을 얻는 것, 그것이 진정한 성공일 것이다.

누가 자기에 관해 무슨 생각을 하든, 무슨 말을 하든 아랑곳하지 않고, 어느 조건과 무관하며, 아무 근심 없이 유유자적 살 수 있을 때를 성공이라 말하고 싶다. 진정한 행복은 원인이 없다. 어째서 행복한 것이 아니라, 그냥 행복한 것 그 자체이다.

행복은 우리의 본래 상태이기 때문이다. 삶은 참 쉽다. 삶은 기쁨이다. 환상, 야망, 탐욕, 욕심 때문에 힘들 뿐이다. 이런 것들은 바로 온갖 딱지들과 동일시하는 데서 온다.

어느 날 어느 하나로 고정 짓는 순간, 이름을 붙이는 순간, 우리는 그것의 온전함을 보지 못한 채, 단순하게 그것으로만 이해하는 우를 범한다. 현실이란 말이나 개념에 담을 수 없는 것임을 이해하기 위해서는, 현실을 알기 위해서는, 앎을 넘어서 알아야 한다. 토마스 아퀴나스의 『신학대전』에서는 "우리는 하나님이 무엇인지를 알 수 없고, 하나님이 무엇이 아닌지를 알 수 있으므로, 하나님이 어떤 분인지를 고찰할 수 없고, 하나님이 어떤 분이 아닌지를 고찰할 수 있다."라고 했다. 또 "인간 정신의 온갖 노력으로도 단 한 마리의 파리의 본질도 다 알아내지는 못한다."라고 했다.

그래서 우리의 큰 비극은 우리가 너무 많이 안다는 것이다. 우리는 안다고 생각하는데, 그게 우리의 비극이라면 비극이다.

죽는다는 것은 멋진 일이다. 삶을 이해한 적이 없는 사람에게만 죽음이 무서운 일이다. 삶을 두려워할 때만 죽음을 두려워한다. 애벌레에게는 죽음이 세상 종말이며, 나비로의 부활이다. 그래서 우리는 깨어나야 한다. 깨어나지 않으면 항상 전쟁, 폭력이 끊이지 않는 세상 속에 살게 될 것이다. 그래서 가장 큰 죄악은 자고 있는 사람들이며 무지한 사람들이라고 각자(覺者)들은 역설하고 있는 것이다.

영적인 성장은 우리에게 참을성을 가지고 친절히 자기 자신을 대할 것을 요구한다. 좌절, 자신의 성장에 대한 특정한 기대, 영적 성장에 대한 계획, 기대에 못 미쳤을 때 자신을 비난하는 것 등이 모두 보편적인 반응이다. 그러나 이런 것들은 도움이 되지 못한다. 에고에 대한 방어는 많은 세월 동안 쌓여 왔기 때문에, 한순간에 허물어 버릴 수 없다. 따라서 이를 종합해 보면, 영성은 개인이 삶의 의미와 가치를 알고, 타인의 감정을 공유하며, 깊은 이해와 통찰을 통해 모든 삶이 관계를 포함한 더 높은 존재로 나아감을 발견하는 것을 말한다. 이는 통합 의식을 통해 얻을 수 있는 통찰과 완전한 이해로 참 나를 자각해, 풍요로운 삶을 살 수 있는 수행과 같은 맥락으로 볼 수 있다. 따라서 통합 의식은 개인의 영적 성장에 촉진적 역할을 할 수 있는 통합인이 되는 하나의 인간 의식 지도이다.

데이비드 호킨스 박사가 쓴 『의식 혁명』에서 인간의 의식 레벨을 수치화할 수 있었던 것에는 운동 역학이 중요한 역할을 했다. 즉 자극에 대한 근육의 반응에 기초하여, 긍정적인 자극은 근육에 강한 반응을 초래하고, 부정적인 자극은 현저히 약한 반응을 가져온다는 운동 역학적인 근육 테스트가 의식 지도를 만드는 데 일조했다. 인간의 의식은 순간순간 급등과 급락을 반복하며 변화한다. 어느 한 지점에 고정된 것이 아니다.

　건강한 의식을 가진 사람일수록 등락의 폭은 좁다. 쉽게 단계가 오르락내리락하지 않는다. 의식 세계가 60의 수준에서, 자기 위주에서 자기 희생으로 생각과 사고가 변한다. 예를 들어 유명한 가수나 운동선수들이 유혹을 뿌리치지 못하고 부정을 저지르고 약물을 복용해서라도 이겨야겠다는 것은 의식 수준 60이하의 수준을 가진 동기들이 초래할 수 있는 파국적인 결과들이다. 그중 재미있는 현상은, 정치를 보면 의식 수준을 이해하는 데 도움이 된다는 점이다. 각각의 정치인들의 말하고 응답하는 수준을 보면 그 사람의 수준을 가늠할 수 있고, 그런 사람들이 모인 집단을 보면 그 정당의 수준을 알 수 있다. 서로 동문서답, 이전투구하는 꼴은 점입가경이다.

의식 수준은 우수함을 추구하는 동기가 우아함이나 잠재력과 상통하는 반면, 자기 이익을 위한 자기 중심의 동기는 표면의 힘의 영역으로 우리를 이끈다. 반면 높은 에너지의 끌개 패턴은 의식이 생명을 유지하고 활성화시키지만, 낮은 에너지의 끌개 패턴은 생명을 파괴하고 결국 죽음으로 나아가게 한다. 따라서 우리는 각자 의식의 어느 단계인지 파악하여 수준을 높이는 데 몸과 마음을 써야 할 것이다. 여기서 의식 레벨 [그림 6]는 홉킨스 박사의 의식 지도를 참고로 하여 필자가 한국인의 문화와 정서에 맞게 알기 쉽게 수치심 10에서 깨달음 95이상 대수가 아닌 일반 수 개념으로 생각하여 새로 재구성하였음을 밝힌다.

레벨	단계		정서적	과정적	영성적	세상적
깨달음	95		언어이전	순수의식	자아	존재
평화	90		축복	자각	있음	완전함
기쁨	85		고요	거룩	하나	다갖춘
사랑	80		존경	계시	사랑	자비
이성	75		이해	추상	현명함	의미
포용	72		용서	초월	인정	화목
자발성	70		낙관적	의향	감화	희망
중용	65		믿음	자유	능력	만족
용기	60		긍정	긍정적 피드백	용납	가능성
자존심	55		경멸	과장	무관심	요구
분노	45		미움	공격적	복수	절대적
욕망	35		갈망	구속	부정적	실망
두려움	30		근심	후회	징벌적	무서움
슬픔	25		후회	낙담	경멸	비극적
무기력	20		절망	자포자기	비난	낙심
죄의식	15		비난	파괴	원한	사악함
수치심	10		굴욕	제거	멸시	비참
레벨	단계		정서적	과정적	영성적	세상적

그림 6 의식 레벨

오늘날 포스트모던 시대의 대표적인 미국 철학자, 심리학자로서 인간 의식 분야의 대사상가인 켄 윌버(Ken Wilber: 1949~)는 올바른 정신과 영성의 회복이 절실한 우리 사회가 하루빨리 혼돈에서 벗어나기 위한 대안을 제시하고 있다. 윌버는 21세기 포스트모던 사회에서 철학적 의식의 스펙트럼을 바탕으로 과학·종교·철학·심리학·사회학 등 인지의 거의 모든 분야에 걸쳐 통합적 의식을 우리에게 일깨워 주고 있다.

그는 어느 특정한 사상이나 진리를 주장하는 대신, 이론의 위상을 '진리의 사상한(Four Quadrant)'이라는 도식으로 밝히고 있다. 그는 모든 학문과 사상들을 의식 스펙트럼의 사상한에서 수준과 진리의 위상을 밝히고, 그런 이론들이 갖는 한계와 인지적 오류를 날카롭게 비교하고 있다. 그의 의식 그래프를 참고로 재구성하여 [그림 기에 정리했다.

이 그림에서 보면, 욕구 위계설을 주장한 매슬로는 생리적 욕구인 먹고 자는 문제가 충족되면 자신을 보호하려는 안전과 어딘가 소속되고 싶은 욕구가 나타나고, 이것이 충족되면 자기 가

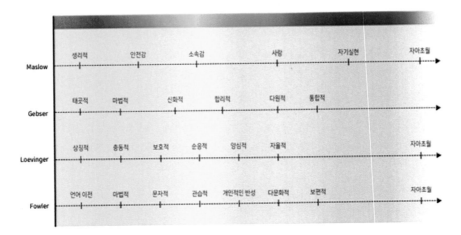

그림7 중요 의식 단계

치를 존중하며 사랑받고 싶고, 더 나아가 자아실현 욕구, 그 이
상의 자기를 초월하고픈 욕구가 생긴다고 보았다. 갭서는 태곳
적-마법적-신화적-합리적-다원적-통합적인 단계로 의식 발달의
수준을 나누었다. 뢰빙거는 상징적-충동적-보호적-순응적-양심
적-자율적-자아초월로 단계를 구분했다. 또한 파울러는 언어
이전-마법적-문자적-관습적-개인적인 반성-다문화적-보편적-자
아초월로 인간의 의식 수준이 전환됨을 이야기하고 있다.

여기서 주목해야 할 점은, 영성 그 자체가 항상 최상의 상태에서만 나타나는 것이 아니라, 모든 의식의 단계에서 그 수준에 맞게 성장하고 발달한다는 것이다. 펄 틸리히(Paul Tillich)는 "어떤 사람의 궁극적인 관심이 바로 그 시점의 영성 레벨이다."라고 했다. 이처럼 사춘기 때는 남자는 여자에게, 여자는 남자에게 모든 궁극적 관심이 쏠렸으나, 인간은 궁극적인 관심을 다룰 수 있도록 그 능력이 발달한다는 것이다. 그렇다면 우리는 지금 어떤 수준의 의식의 위치에 있는가? 먹을 것이 궁극적인 관심인가? 아니면 정서, 자아실현, 자아초월 등 무엇과 관계하며 사는 것이 궁극적 관심인가?

바. 삶과 죽음

웰 다잉(Well-Dying)

최근 100세 시대를 맞아 인간의 삶에 대한 심층적인 관심이 증가하는데, 평균수명은 늘어나지만 죽음은 피할 수 없다. 잘 사는 것 이상으로 잘 죽는 것에 대한 관심이 고조되고 있다. 하나로 연결된 생과 사. 한 줌의 후회도 남지 않게 살 수 없는 것일까?

웰 다잉(Well-Dying)은 '살아온 날을 아름답게 정리하고, 평안한 삶으로 마무리하는 것'을 일컫는 말이다. 웰 다잉에 대한 관심이 커지면서, 맞이하는 죽음을 위한 버킷 리스트(bucket list)를 작성하기도 한다. 그 예로는 다음과 같다.

① 건강 체크 - 고독사 예방

② 법적 효력 발생하는 유언장이나 자서전 작성

③ 장례 계획 세우기

④ 자성의 시간 갖기 - 마음의 빛 청산하기

⑤ 자원 봉사하기

⑥ 추억 물품 보관하기

⑦ 장기 기증 서약서 작성하기

⑧ 연명 의료 계획서 작성하기

언젠가는 피할 수 없는 죽음!

메멘토 모리(Memento mori : 그대는 죽는다는 사실을 명심하라) 연습은 물론 유언장, 화장장과 묘지 등을 둘러보며 성찰의 시간을 갖는다. 그래서 '당하는 죽음이 아니라 맞이하는 죽음'이 되어 보는 것이다. 살아 있는 모든 것은 죽는다. 죽음은 누구도 피해갈 수 없는 절대 평등의 이치다. 때문에 의연하게 죽음을 맞이하라고 하지만, 실상은 그렇지 못하다. 실제로 인류는 죽음을 피하고자 하는, 혹은 늦춰 보고자 하는 노력들을 끊임없이 해왔다.

그렇다면 과연 죽음은 두렵고 무섭기만 할 뿐인가? 죽으면 모든 것이 끝나는 것일까? 죽음 너머의 세계가 존재하는가? 존재한다면 어떤 모습일까? 죽음이 인간이 가지는 가장 근원적인 고민 중의 하나인 만큼, 지금까지 수많은 철학자와 선각들이 이에 대해 끊임없이 성찰해 왔다. 하지만 아직 명쾌한 답을 내놓지 못하고 있다.

"이 세상에 죽음만큼 확실한 것도 없다. 그럼에도 사람
들은 겨우살이는 준비하면서 죽음은 준비하지 않는다.

-톨스토이-

죽음이란

셸리 케이건 교수는 예일대에서 진행해 온 교양철학 정규 강좌 〈죽음(DEATH)〉에서 죽음의 본질과 삶의 의미, 그리고 생명의 존엄성을 다음과 같이 역설하고 있다.

"지금 이 순간 살아 있는 사람들 가운데 죽음이 무엇인지 아는 사람은 없다. 죽지 않았기 때문이다. 하지만 삶에서 유일하게 확실한 사실은 '나는 언젠가 반드시 죽는다.'는 것이다. 그 누구도 피해갈 수 없는 숙명이다. 우리는 왜 경험하지도 못한 죽음에 대해 그리도 두려워하는가?

'삶이 끝난 후에도 삶은 계속될까?'

죽음을 좋아할 사람은 아무도 없다. 더 이상 내가 존재하지 않는다는 사실을 생각하는 것만으로도 끔찍하고 무섭다. 그래서일까? 죽음에 대한 두려움은 '죽음 이후의 삶'이라는 기대와 믿음을 낳았다. 죽음에 관한 모든 문제는 바로 죽은 다음에도 나는 살아남을 수 있을까?"

필자는 솔직히 죽음 이후의 삶에는 그다지 관심이 별로 없었다. 지금 여기서 내가 사는 이 지구에서의 삶에 관심이 있을 뿐이었다. 그런데 얼마 전 가슴이 조여 오고 아파서 병원 응급실을 찾았다. 갑자기 찾아온 불청객에 적잖이 놀랐다. 아, 이러다가 심장이 멎고 죽는구나 하니, 두려움이 엄습해 왔다. 솔직히 나 역시 죽음에 대해 그동안 의연한 척했지만, 막상 이러다가 죽겠구나 생각하니 두려워졌다. 그동안 죽을 고비를 많이 넘겼지만, 이번처럼 두려움에 가슴 졸이기는 처음이었다. 내 딴에는 죽음 연습을 하며 유언장도 예전에 써놓고 장기 기증도 해놓았지만 그 순간 죽음 앞에서는 초연하지 못했다. 이후 고비를 넘기고 조용히 성찰의 시간을 가지면서 다시금 '의미 있는 삶'에 대해 생각해 보았다.

나는 '반드시' 죽을 것이다

그렇다면 나는 '어떻게' 살아야 하는가?

『죽음이란 무엇인가』의 저자 강승환(2015)은 "죽음을 두려워하지 말되 삶을 두려워해야 한다. 죽음은 삶의 연장이자 결과물이기 때문이다. 삶을 번뇌의 덩어리로 만들 것인가, 아니면 청정하고 행복하게 맞이하여 살 것인가?"라고 말했다.

나는 죽음이라는 것을 통해서, 죽음의 본질과 삶의 실상에 대해 통찰하는 계기가 되고, 나아가 '어떻게 살 것인가?'라는 인생의 본질을 되돌아보는 계기가 될 수 있도록 해야 한다고 생각한다. 나아가 우리의 의식이 항상 깨어 있게 춤과 명상을 통해 의식의 수준과 차원을 높여서, 그 누구도 나를 범접하지 못하게, 나답게 나의 주인으로 나를 조절하며 신명 나고 의미 있게 살다 아름답게 죽음을 맞이하기를 바란다. 그러고 싶은 간절한 소망을 위해 오늘도 나는 나의 춤으로 일기를 쓰고 있다.

사. 통합 의식-통합인

나는 누구인가

'나는 누구인가'라는 질문은 사유하는 인간 자신의 존재에 대한 근원적인 물음을 의미한다. 이 물음은 인간이 가장 인간다워질 수 있는 원론적 사유(思惟)가 되고, 희망의 향유가 된다. 자유로운 인간의 상황에서 개인의 가치관에 따라 존재의 의미와 인간 되어 감의 방법을 자유로이 선택하는, 보다 더 나은 차원의 성숙된 상태로 살아가게 하는 것이 현상학적 방법에서 논의되고 있다.

'나는 누구인가?' 하는 것은 상담이론적 접근에서는 게슈탈트 상담 이론의 핵심인 알아차림(Awareness)이다. 김정규(1995)는 "알아차림이란 개체가 자신의 삶에서 현재 일어나고 있는 중요한 현상을 방어하거나 피하지 않고 있는, 그대로 지각하고 체험하는 행위를 뜻한다."고 했다.

로저스(Rogers, 1961)는 "완전히 기능하는 인간이란 자신과 타인이 하는 경험에 대해 알아차릴 줄 아는 사람"이라고 했다.

부연하면 '나는 누구인가'는 내가 누구인지를 분명히 알아차리고 그 뿌리 위에 내가 가진 소질과 재능을 발현하여 내가 되어 가는 삶을 이곳에서 신명 나게 살아가는 것이다. 이렇게 살 때 우리는 이곳 지구에서 항상 자유롭고 내가 나답게 살아가는 축복을 누리게 되는 것이다.

존재의 차원에서 '나'는 누구인가? 우리의 의식은 한 마리의 새로, 동물로, 나무로, 돌로, 그중 한 인간으로 현상될 수 있다. 슈리푼자는 "참 의식을 깨닫는다면 고통도 사라진다. 그저 즐겁다. 모든 것을 다 가졌다. 아니 다 비웠다. 비움으로 가득 채워진 상태. 그대는 전체다. 절대요, 완전이요, 완성이다. 모든 것은 의식이다. 생각이다. 그 생각을 떨칠 때 우린 하나이다."라고 했다.

통합 의식

통합 의식은 에니어그램(enneagram)으로 볼 때는 머리, 가슴, 장으로 이루어진 힘의 중심을 통합하는 것이다. 머리는 집착보다는 관찰과 식별을, 가슴은 악덕보다는 미덕인 사랑으로, 장은 분노하기보다는 용서함으로써 우주적 존재를 지향한다. 아울러 교육적 측면에서는 변화와 성장을 위한 초월적인 차원으로서 머리, 가슴, 장을 통합하는 영성 교육을 의미한다.

통합 의식은 로저스(1961)가 언급한 '완전히 기능하는 인간'이다. 그는 '완전히 기능하는 인간'의 특성을 언급하면서 성숙한 인간의 전형을 밝힌 바 있다. 그에 의하면 '완전히 기능하는 인간'이란 지각된 경험에 방어적으로 대하지 않고 끊임없이 개방성을 지니며, '지금 여기' 속에서 순간마다 충분히 살면서 하나의 과정을 계속적으로 움직이는 사람이라는 것이다.

과거를 답습하면 새로운 것을 얻지 못한다. 인간이 깨달으려면 왼쪽과 오른쪽의 뇌가 통합되어야 한다. 동양과 서양, 여성성과 남성성이 합해져야 한다. 따라서 통합 의식은 바로 다름의 나를 만나는 것에서부터 출발하는 것이다.

영성

고대로부터 지금까지 인간은 누구나 한 번쯤은 깨닫고 싶고 통합된 삶을 살고픈 욕망을 가져보았을 것이다. 그러나 그 깨달음을 일부 사람들의 전유물로 알고, 일반인들이 그 길을 가는 것을 두려워하고 감히 엄두를 못 냈다. 그것은 그 길이 너무나 어렵게 느껴지고 어떻게 깨닫는지 방법을 몰라서였을 것이다. 하지만 지식 사회로 들어오면서 그런 것들이 공유되고 보편화되어 가능해지고 있다고 본다. 또한 '영성을 종교와는 독립적으로 한 개인이 삶의 의미와 가치를 알고 타인의 감정을 공유하며, 모든 삶의 관계를 포함한 더 높은 존재로 나아감을 발견하는 것이라고 말한다(조혜정 역, 2001).'

이는 개인 영성의 성장은 깨달음을 통해 얻을 수 있는 통찰과 참 나를 자각하는 삶이라는 말과 같은 맥락으로 볼 수 있다.

인간은 본성상 진리를 추구하며, 삶의 의미와 존재 이유를 찾고, 인생에서 최대의 염원인 행복을 얻고자 한다. 그런데 오늘날처럼 인간성의 황폐와 생태계의 위기가 심화되는 상황에서는 범세계적이고 범우주적 차원에서 신과 인간, 자연계가 구별되면서도 결코 분리되지 않는 가운데, 각기 고유한 정체성을 지닌 새로운 통합적 영성이 요구된다. 또한 영성에 대한 관심이 증가하고 있다. 그것은 분석적·이성적 사고의 한계점과 일상에서 느끼는 심리적·정신적 불안에서 벗어나, 자기와의 통합, 우주와의 합일을 찾으려는 의식적·무의식적인 욕구에 기인하는 것이다. 현실적인 삶 속에서 신성 또는 깨달음을 체험하는 영성 체험은 인간이 자신의 자아를 찾고, 내적인 풍요로움을 누리며, 건강하고 조화로운 삶을 영위하도록 하는 데 기여한다.

영성은 모든 인간이 지닌 본성이다. 자기 자신, 이웃, 자연 및 신과의 관계 속에서 조화로움을 유지할 때, 역동적·창조적·통합적 에너지로 작용하여 현실을 초월하여 적응하게 하며, 존재의 의미와 목적을 가지고 충만한 삶을 살게 해주는 영적 성질이 바로 영성이다. 또한 인간 의식은 발달하고 진화한다. 이러한 발달과 진화가 일어나는 구조와 수준, 질서와 방향성이 존재하며, 모든 의식의 물결에 영(spirit)이 현존한다. 영은 스스로 전개하는 과정에서 수준마다 그 수준에 존재하는 의식이기 때문이다. 인간 의식의 발달은 한 개인의 발달에 그치는 것이 아니라, 전체 큰 틀 안에서 살펴볼 필요가 있다. 그리고 통합 의식에 대한 진지한 성찰이 요구된다.

통합 의식과 영성

이런 의미에서 통합 의식이란 사람은 영·혼·육으로 구성되어 있다는 것이고, 영성 교육은 참다운 자아를 찾고 자신의 삶에 참된 의미를 부여하는 행복한 인간을 육성하는 것이다. 또한 페스탈로치(Pestalozi)가 말하는 지·덕·체의 조화이며, 블룸(Bloom)의 인지적, 정의적, 신체 운동적 영역의 균형이고, 종교적 측면에서 육의 욕정을 제어하는 도덕적 의미의 성화(聖化)를 포괄하는 것이다.

우리 각자는 성격의 사슬에 묶여 통합적으로 기능하지 못하고, 에고(ego)가 강하게 형성되어 자유롭지 못하다. 따라서 그 사슬을 풀고 본질 상태로 나아가야 한다. 본질(essence)은 진정한 우리 자신, 본질적 자아, 우리 안에 있는 존재(being)의 근본을 의미하는 순수 의식(spirit)이다. 순수 의식은 각각이 진정한 나 자신이 되기를 원하는 의식이다. 진실 안에서 살기를 바란다면, 자신의 본질 상태인 순수 의식을 회복하는 과정을 시작하고 통합 의식의 방향으로 나아가야 한다. 나는 나의 집착에 의한 나의 것이라는 성격으로부터 '나'를 회복시킴으로써 자유로워진다. 우리의 성격이 안고 있는 두려움을 극복하고 올바른 욕망에 근거하여 행동함으로써, 발달 수준이 높아지고 자아 상태가 유연해진다.

다시 말해 해방의 상태에 도달하는 우리의 본질적 자아와 만나는 것이다. 그 길은 자기 자각과 내면의 작업을 통합한 결과로서, 자아 초월을 통해 이루어진다. 이러한 길은 나선형으로 상승하는 과정이다. 진실을 직시하고 자신의 건강한 자아를 찾는 과정은 일회성이 아닌, 통합의 방향으로, '완전히 기능하는 통합적인 사람'으로 되는 것이다. 자신에 대한 탐구가 진행되고 통합되어 갈수록 우리는 건강한 특성을 포함하는 통합 의식이 발현되고, 우리 자신은 더욱 자유롭고 진정한 자유인이 되어 가는 것이다.

김의일은 '통합 의식은 의식의 깨어남을 뜻한다. 즉 의식의 성
장이며, 참 나를 알고 관계 속에서 부분에 속하지만, 전체 우주
속의 하나임을 사실로서 알아, 나와 우주는 온전한 합일임을
깨닫는 것이 통합 의식의 목표이다(김의일, 2015).'

'우리가 인간이라고 부르는 것의 사랑스러움과 아름다움을
이해하는 일도 없이, 사람이 무언가를 깨달아 알고 있으면 그
것을 마음대로 할 수 있고, 깨달아 알고 있지 못하면 그것이 사
람을 마음대로 한다(장길섭, 2004).'고 했다. 이와 같이 통합 의식은
자기 자신의 깨달음을 위해 내 의지로 성장하려는 행동하는 힘
이다. 즉 새로운 것을 배우려는 자세가 통합 의식의 출발점이다.

통합 의식은 다시 말해 의식의 진보다. 의식은 물의 흐름처
럼 앞으로 나아가야 한다. 변화에 빠르게 적응해야 한다. 그러
기 위해서는 의식을 통합해야 한다. 오늘날로 말하면 컴퓨터를
구동시키기 위한 OS(Operating System)를 IOS(Integral Operat-
ing System)로 바꾸듯이, 통합 운영 체제인 의식 지도를 만들어
야 효과적으로 완벽한 소통 시스템을 구현할 수 있다. 그렇지

만 대부분의 사람들은 통합 의식의 개념도 없이 통합된 삶을 살지 못하고, 기계적인 삶을 살고 있다. 기계적인 생각들, 즉 대개는 다른 누군가의 것일 수 있는 기계적인 느낌들, 기계적인 행동들, 기계적인 반응들을 가지고 분열된 의식 속에서 낮은 버전을 가지고, 새로운 어플을 깔지 못하고 이분법적 삶을 살고 있는 것이다.

통합인으로 가는 길

한편 흔히 쓰는 말 중에 도(道), 도통(道通), 도사(道士)라는 말이 있는데, 여기서는 도를 통합 의식과 같은 뜻으로 정의하고자 한다. 물론 술수를 부리는 사람도 도사로 통할 수 있지만, 그쪽은 논외로 한다. 여기서 도는 삶 속에서 삶과 소통하며 자신을 아는 것으로 '나를 찾아가는 여행'이라 할 수 있다. 나로부터 시작돼서 나에게로 돌아오는 것이라 할 것이다.

모든 도는 결국 보이는 세계와 보이지 않는 세계가 하나임을 알려주고 있다. 『성경』에서 예수는 이를 "나와 아버지는 하나"라는 말로 정의했다. 즉 나와 아버지의 합일(合一)이다. 나와 우주의 합일(合一), 모든 것이 하나로 연결되어 있다는 의식의 확장이 바로 통합 의식인 것이다.

통합 의식은 지금껏 진짜 나로 알아 온 '거짓 나'의 정체를 아는 것에서부터 시작된다. 거짓 나란 나 아닌 것들, 즉 이름과 성격과 생각과 느낌 등의 조건에 동일시한 나를 지칭한다. 다시

말해 조건화된 자아를 실제의 자기로 착각하고 있는 나를 알아
가는 것이다.

또한 '우리의 삶을 흥미롭게 하는 것은 상대 세계만이 아니라,
다른 차원의 세계가 존재한다는 것이다. 즉 상대해야만 하고
상대하기로 되어 있는 세계 너머에 또 다른 세계가 있다는 것
이다. 이 보이지 않는 나타나지 않은 세계, 곧 영(靈)이고 무(無)
이고 공(空)이고 절대인 그 세계를 모르는 사람은 오직 이원론
에 근거하여 상대한다. 반면 그 너머의 절대계를 보고 경험하
여 아는 사람에게는 화날 일이 없다. 다만 그 일만 있는 것이다
(장길섭, 2013).'

이처럼 사실을 사실로 인식하면, 이원성의 상대 세계를 살아
도 그 이원성에 휩쓸리지 않게 된다. 그러므로 어떤 시련과 고
통이 닥쳐도 그것을 다만 자신이 성장하는 기회로 삼고, 그에
도움되는 생각과 느낌과 행동만을 선택한다. 그렇게 함으로써
보이는 세계와 보이지 않는 세계의 통합을 자신의 삶에서 이루
어 나가는 것이다.

'인간이 자신의 본질적인 통합의 중심에 머물 수 있다면 에니어그램은 필요치 않을 것이다. 그러나 자신에 대해 깊이 살펴보지 않고는 그 중심에 머물 수 없다. 에니어그램은 우리가 이 세상에 올 때 어떤 빛과 그림자를 가지고 왔는지에 관한 깊은 통찰을 주는데, 그 그림자를 '자아 고착'이라 한다. 성장하려면 이 고착된 의식을 넘어서서, 자기 내면의 머리와 가슴과 배가 만날 때 통합된 인간으로 성장할 수 있다는 것이다(윤운성 역, 2008).'

불교에서의 통합 의식, 즉 깨달음에 대해 고찰해 보자. 宋寅範(2011)은 『깨달음의 구조와 본질 연구』에서 깨달음은 '苦의 소멸(消滅)과 무분별심(無分別心)의 생활화(生活化)'라고 했다. 이는 불교의 궁극목표인 열반(涅槃)과 성불(成佛)의 내용(內容)을 의미한다 할 것이다.

깨달음은 어떤 대상의 획득이나 경지에의 도달이라는 1회적인 행위나 사건으로 종결되는 것이 아니라, 삶 속에서 지속적으로 구현되는 고뇌 없는 삶의 존재 방식으로 본다. 또한 조사들도 도라는 것은 무념(無念)을 실천하고 평상심(平常心), 무심(無

心), 무사인(無事人)으로 살아가는 것이라고 주장하고 있다. 성불(成佛)이라는 것은 견성(見性)의 1회적인 사건이 아니라, 견성을 통한 그 경지의 일상의 생활화를 의미한다.

　다시 말해 깨달음은 1회성의 성불도 아니며, 깨달은 사람이 있는 것도 아닌, 매순간 깨달음 속에 있지 않고, 견성을 통한 그 경지가 일상에서 생활화하여 지속하지 않는다면, 그것은 통합 의식, 즉 깨달음 속에 있는 것이 아닐 것이다.

　따라서 '통합 의식은 다른 말로 하면 영성의 회복이고 영성 의식이며, 이성·감성·몸성을 통합하는 영성 지능으로서, 행복에의 길로 안내하는 이정표이다. 이성적인 머리의 영성과 따뜻한 가슴으로의 관계적 자기와 생명이 살아 숨 쉬는 배의 자기-자비가 서로 하나로 통합된 것이다. 영성 감성 생명의 합일(合一)로 천(天)·지(地)·인(人)의 정합된 의식을 의미한다 할 것이다(김의일, 2015).' 이를 통합 의식 지도로 나타내면 [그림 8]과 같다.

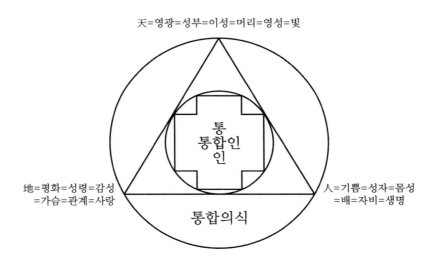

天=영광=성부=이성=머리=영성=빛

地=평화=성령=감성
=가슴=관계=사랑

人=기쁨=성자=몸성
=배=자비=생명

통
통합인
인

통합의식

그림 8 통합 의식 지도

- 강병익(2013). 하타요가의 마하무드라 프로그램 개발 및 효과에 관한 연구: 신체의 변화, 심리적 안녕감, 영성에 미치는 영향. 서울불교대학원대학교 박사학위 논문
- 강승환(2015). 죽음이란 무엇인가. 서울: 운주사
- 강유미(2010). 레저와 영적 웰빙의 관계. 한양대학교 대학원 박사학위 논문
- 강혜림(2012). 마음 챙김 명상 기반무용/동작치료 프로그램이 초등학생의 분노조절과 공격성에 미치는 영향. 원광대학교 동서보완의학대학원 석사학위 논문
- 고경숙(2013). 청소년의 전인건강 향상을 위한 영성 프로그램 개발과 효과. 경성대학교 대학원 박사학위 논문
- 곽노순(1999). 생활 속의 명상. 서울: ㈜한문화멀티미디어
- 권석만(2001). 불교의 관점에서 바라본 심리적 성숙. 가톨릭대학교 심리상담
  (2006). 현대 이상심리학. 서울: 학지사
- 권수영(2007). 한국인의 관계 심리학. 경기: ㈜살림출판사
- 길희성(2004). 보살예수. 서울: 현암사
- 김교헌(2008). 마음 챙김과 자기조절 그리고 지혜. 한국심리학회지: 건강. 13(2), 285-306.
- 김명권. 조옥경 (2002). 요가의 심리 치료적 가치: 아스탕가 요가를 중심으로. 상담학 연구, 3(1), 255-277.
- 김병채 역(1998). 무엇이 깨달음인가. 슈리푼자 엮음. 서울: 하남출판사
- 김상준 역(1993). 깨어나십시오. 서울: 분도출판사
- 김성철(2003). 깨달음이란 무엇인가. 불교평론 5(2). 여름
- 김영순(2001). 신체언어 커뮤니케이션의 기호학. 서울: 커뮤니케이션북스
- 김용랑(2012). 통합 심리학 기반 무용/동작 심리치료 프로그램 개발: 성인 스트레스 감소 효과. 서울여자대학교 대학원 박사학위 논문.

- 김의일(2015). 통합 의식 프로그램의 개발 및 효과성 검증. 선문대학교 교육상담대학
  원 박사학위 논문.
- 김인자·우문식 역(2009). 긍정심리학. 서울: 도서출판 물푸레
- 김종명(2005). 깨달음의 신화 재검토. 불교학연구회: 불교학연구, 12.
- 김철수 역(2014). 무경계. 서울: 정신세계사
- 김호귀(2005). 초기 선종에 나타난 견성의 구조와 의미에 대한 고찰. 불교학연구, 제
  12호, 465-489.
- 나탈리 로저스(2010). 인간중심 표현예술 치료-창조적 연결. 이정명 외 2인 역. 시그
  마프레스
- 다리아 할프린(2006). 동작중심 표현예술 치료. 김용량 역. 시그마프레스
- 두산세계대백과사전(1996). 두산동아
- 박선영·유경숙(2010). 춤 테라피 이론과 실제. 서울: 학지사
- 박성배(2002). 깨침과 깨달음. 윤원철 역. 서울: 예문서원
      (2009). 한국사상과 불교: 원효와 퇴계, 그리고 돈점논쟁. 서울: 혜안
- 박성희(2001). 상담과 상담학 새로운 패러다임. 서울: 학지사
- 박재현(2002). 깨달음의 신화. 서울: 푸른역사
- 박희준(2004). 웰빙의 핵심은 영성에 있다. 서울: 정신세계
- 박희준 역(1993). 깨달음의 분석. 서울: 우리출판사
- 박현경·권은시(2012). 에니어그램과 정신건강 : 만성질환자의 에니어그램 성격유형,
  의식(발달) 수준, 통합과 분열 및 삶의 만족도의 관계를 중심으
  로. 에니어그램연구. 9(2).
- 방진웅(2008). 생명현상과 존재. 한국정신과학학회, 28.
- 배기효·백정선·이임선 (2009), 『웃음치료학 개론』, 서울: 창지사
- 법정(2006). 살아 있는 것은 다 행복하라. 서울: ㈜위즈덤하우스
- 서보경 역(2003). 이른 아침 나를 기억하라. 서울: 지혜의 나무
- 석지현·홍신자(1980). 마하무드라의 노래. 서울: 일지사

- 설기문 역(2002). 「NLP의 원리」. 서울: 학지사
- 宋寅範(2011). 깨달음의 구조와 본질 연구-초기불교와 祖師禪을 중심으로-.
동국대학교 대학원 박사학위논문
- 양억관 역(2007). 물은 답을 알고 있다. 경기: 나무 심는 사람
- 안나 할프린(2002). 치유예술로서의 춤. 임용자 역. 서울: 물병자리
- 안진환(2006). 행복. 서울: 비즈니스북스
- 에크하르트 톨레(2008). 류시화 역, NOW-행성의 미래를 상상하는 사람들에게. 서
울: 조화로운 삶
- 오강남· 성혜영(2011). 종교 이제는 깨달음이다. 서울: 북성재
- 유네스코 인류무형문화유산
- 유동수·김미정·김영순·김창오·조윤숙(2011). 한상담, 서울: 학지사
- 윤세중(2003). 영성시대의 교양과학. 서울: 정신세계사
- 윤운성(2014). 심층 에니어그램 의식 수준: 여기 그리고 지금, 서울: 한국 에니어그램
교육연구소
- 윤운성·기우서·박현경·엄재춘·오정옥·조주영·최정혜 역(2014). 에니어그램과 행복.
서울: 에니어그램 교육연구소
- 윤운성 역(2012). 지금 이 순간을 자각하라. 서울: 에니어그램 교육연구소
- 이종수 역(1997). 「의식혁명」, 서울: 한문화
- 이찬훈(2006). 현대인의 삶과 깨달음. 예문동양사상연구원: 오늘의 동양사상, 14.
- 이현주 역(2002). 힘. 거기서 그것과 하나 되시게. 서울: 나무 심는 사람
- 이형득(1982). 인간관계 훈련의 실제. 서울: 중앙적성 출판사
- 임성빈(2008). 현대과학의 흐름과 인류의 장래. 한국정신과학학회지. 12.
- 장길섭(1997). 하늘이 시작되는 자리. 살림마을
    (2008). 명상, 삶을 예술로 가꾸는 사람들
    (2013). 명상의 기술. 나마스테
- 요코하마 고이츠(2001), 장순용 역. 십우도 마침내 나를 얻다. 서울: 들녘

- 장연집(2010). 의식의 발달과 통합심리 치료. 서울여자대학교 사회과학논총 제19집,
  191-217.
- 장현갑(2018). 명상에 답이 있다. 서울: 담앤북스
- 정여주(2001). 만다라 미술치료 이론과 실제
- 정창영 역(2007). 켄윌버의 통합비전. 서울: 김영사
- 정태연·노현정 역(2005). 존재의 심리학[Toward a Psychology of Being]. 서울: 문예출판사
- 조앤 초드로우(2016). 춤/동작 치료와 심층심리학. 박선영 역. DMT미디어
- 조옥경 역(2008). 통합심리학. 서울: 학지사
- 조옥경·김명권(2009). 요가의 심리 치료적 적용에 관한 연구. 상담학 연구, 10(4),
  2607-2620.
- 조옥경·윤희조(2011). 의식의 상태와 구조를 중심으로 한 견성성불의 심리 학적 이해.
  불교학연구, 30, 605-640.
- 조천재 역(2004). 칭찬은 고래도 춤추게 한다. 서울 :21세기북스
- 조효남 역(2010). 감각과 영혼의 만남(The marriage of sense and soul). 경기: 범양사
- 주혜명 역(2002). 에니어그램의 지혜. 서울: 한문화
- 진우기 역(2003). 삶을 바꿀 수 있는 힘, 내 안에 있다. 서울: 명진출판(주)
- 최상진(2000). 한국인 심리학. 서울: 중앙대학교출판부
- 최수민 역(2002). 화. 서울: 명진출판(주)
- 최인수 역(2005). 몰입: 미치도록 행복한 나를 만난다. 서울: 한울림
- 최정수 역(2004). 연금술사, 파울로 코엘료 지음, 파주: 문학동네
- 최진영(2013). 문화가 된 힐링(Healing)과 그 미래. 서울: 미래전략연구원
- 캔 윌버(2014). 캔 윌버의 통합비전. 정창영역, 경기: 김영사
- 틱낫한(2013). 틱낫한 명상. 이현주 역. 서울: 불광출판사
- 틱낫한(2018). 삶의 지혜. 정윤희 역. 서울: 성안당
- 한글학회(2008). 우리말 사전. 서울: 어문각
- 한자경(2002). 마음의 본성과 견성의 문제. 불교의 공적영지와 견성

- 한종철(1986). 교육심리학. 135-157. 서울: 양서원
- 황정희(2008). 마음 깨침의 몸. 명지대학교 대학원. 박사학위 논문
- 홍성민 역(2008). 물은 답을 알고 있다. 서울: (주)더난콘텐츠그룹
- Capra, F. (1997). 김재희 역, 신과학과 영성의 시대. 경기; 범양사
- Duane Schultz(2007). 이혜성 역, 성장심리학. 이화여자대학교출판부
- Fran J. Levy, Judith Pines Fried, Fern Leventhal(2009). 무용동작중심 표현예술 치료 사례집. 최희아 외 2인 공역. 서울: 학지사
- Fran J. Levy(2012). 무용동작 치료. 고경순 외 4인 공역. 서울: (주)시그마프레스
- Hawkins, D. R. (2009). 문진희, 김명권 역. 의식 수준을 넘어서, 서울·민음사
- Hawkins. D. R (1989). Power Vs Forse. San Francisco: Freeman and Company.
- Ladner, L.(2004). The Lost Art of COMPASSION. New York: Harper SanFrancisco.
- Martin Buber(2004).『나와 너』. 표재명 역, 서울: 문예출판사
- Maslow, A. H. (1943). A Theory of Human Motivation. psychological breview.
- Maslow, A. H. (2005). 존재의 심리학[Toward a Psychology of Being]. (정태연, 노현정 역). 서울: 문예출판사
- Mead, G. H.(1934). Mind, Self, and Society. Chicago:University of Chicago Press.
- Rogers, C, R. (1961). On becoming a person; A therapist's view of psychotherapy. Boston: Houghton Mifflin.
- Taylor, S. (2012). Spontaneous awakening experiences: beyond religion and spiritual practice. The Journal of Transpersonal Psychology, 44(1), 73-91.
- Tolle, E. (2001). 지금 이 순간을 살아라「The Power of Now」. (노혜숙, 유영일 역). 서울: 양문
- walsh, R. (2007). 7가지 행복 명상법 Essential Spirituality, 김명권 외, 서울: 학지사
- Welwood, J. (2008).「Toward a Psychology of Awakening」. 김명권·주혜명 역). 서울: 학지사
- Wilber, K. (1986). The spectrum of development. In K. Wilber, J.

• Wilber, K.(1995). Sex, ecology, spirituality. Boston: Shambhala.

• Wilber, K.(2000). One taste. Boston: Shambhala Publications, Inc.

• Wilber, K.(2004). 아이 투 아이[Eye to Eye] (김철수 역). 서울: 대원출판

• Wilber, K.(2008). 통합심리학「Integral Psychology」(조옥경 역). 서울: 학지사

• Wilber, K. Engler, J & Brown, D.(EDS). (1986).

  Transformations of consciousness. Boston: Shambhala Publications.

• wilber, (2006b). 의식의 스펙트럼, 「The Sperctrum of Consciousness」, (박정숙 역),
                서울: 범양사

• Zohar, D. & Marshall, I.(2000). SQ-spiritual Intelligence the Ultimte Intelligence.
                조혜정역(2001). SQ-영성지능. 서울-룩스